オーナー企業の時価総額経営

SDGs、ESG時代を生き抜く

キューブアンドカンパニー
戦略コンサルタント
加賀裕也

みらいPUBLISHING

はじめに

この本は、オーナー経営者を読者対象としています。オーナー経営者というのは、その名が示すとおり会社のオーナーであり、同時に経営者でもあります。すなわち、株式を所有することと経営することの両方を行っています。

オーナー経営者には独特の強みもあれば、同時に弱みもあります。本書はオーナー経営者の三つの論点である「事業計画」「ＥＳＧ」「株式の流動性」のうち、特に「ＥＳＧ」にフォーカスを当てて、オーナー経営者がどんな悩みに直面しているのか、そしてそれをどのように解決すればいいかを提示したいと考えています。

私が所属し、経営者の悩みを直接お伺いすることも多い経営コンサルタント会社は、オーナー経営者から相談を受けることがよくあります。その際、オーナー経営者は「オーナー（所有者）」と「経営者」という二面性ゆえに難しい問題を抱えていることが強く感じられます。

経営者としては利益の追求が重要となり、利益がなければ従業員に給与は払えませんし、原材料が仕入れられなければ取引先に予定どおりの納期に納品することもできません。一方、オーナーとしては株主という立場から株価を重視することになります。つまり、オーナー経営者は業績と株価の双方を上げるという命題と日々向き合っているのです。

オーナー経営者は会社の経営と同時に、株主として個人的な経済メリットも追い求めています。しかも、事業計画をベースにした中長期的な企業価値の最大化も求められるという難しいかじ取りを迫られる立場にあります。

日本には古くから「売り手良し、買い手良し、世間良し」の「三方良し」という言葉があります。ＳＤＧｓやＥＳＧなど社会的課題の解決は、この「三方良し」の考え方と親和性が高いのです。「三方良し」の追求こそが、社会的課題を解決しながら事業として利益を上げていくことにつながるという確信を持てたことで本書の執筆に至りました。

一方で、最近はＳＤＧｓやＥＳＧといった言葉を目にする機会が増えています。あらゆる業界においてＳＤＧｓ、ＥＳＧに対応しないと社会の時流に乗り遅れ、ひいては業績面でも悪影響を及ぼすという懸念が広く共有されつつあります。事実、ＳＤＧｓやＥＳＧへの積極的な取り組みは会社のイメージアップにつながり、企業イメージの向上は業績アップ、経営の安定性増加につながります。

企業の業績アップや経営の安定性が増すとそれは株価に反映し、時価総額も上がります。本書では、これまで近視眼的に扱われることの多かった時価総額を、新たな視点で評価軸や目標にすることを説いていきます。時価総額を意識することで、より健全な経営が可能になること、そしてそれは社会への貢献も含む新時代の経営指針を導き出すものであることを提言します。

経営者は、どうすれば業績と株価のバランスを取ることができるのか。それは、時価総額を意識することです。ただし、現在の時価総額という近視眼的な視点ではなく、中長期的な時価総額を最大にする経営を目指す必要があります。そうした視点を持ちながら、業績と株価のバランスをどのように取っていくのか。私なりの解答を本書にまとめました。

１人でも多くの経営者のお役に立てるとうれしく思います。

目次

第1章　オーナー企業の歴史

第2章　オーナー利益先行日本企業 vs 社会貢献先行の欧米企業

第３章　なぜＥＳＧ経営や社会的インパクト、ＳＲＯＩが必要なのか？

第４章　日本版オーナー企業の時価総額経営とＥＳＧ経営の重要性

おわりに

プロローグ

オーナー経営者が抱える悩み——会社は誰のものか？

オーナー経営者が持つ二面性

「会社は誰のものか」――これは今まで散々議論し尽くされていますが、経営者であったり、社員であったり、お客様であったりとさまざまな答えがあります。その中には所有者のもの、株主のものという側面もあります。

そして、本書の読者対象であるオーナー経営者は、所有者と経営者という二つの側面を持っています。

昨今、話題となっているＥＳＧやＳＤＧｓという視点からも、企業には社会的な側面があり、オーナー経営者もそうした課題を考える必要があります。

オーナー経営者が持つ二面性とは、その言葉が示すようにオーナーと経営者という二つの面を抱えていますが、この二つの面を合わせ持つことによって難しい問題が生じてきます。

何が難しいのか。オーナーと経営者では、経営を考える時間軸が違ってくるということと、評価するものが違ってくる点があげられます。

オーナー経営者の意思決定が難しい理由

経営者とは企業の業績、端的に言うと損益を命題にして動いています。一方、オーナーは株主であるので、株価や時価総額が気になります。したがって、オーナー経営者は業績と株価、どちらを重視するのか、その意思決定が難しくなるのです。

経営を考える際の時間軸は、業績を長期的に考えるのか、短期的な業績アップを重視するのかという問題になります。株価は日々変わるものであり、株主としては短期的な業績が気になる部分があります。ただし、経営とはそうそう簡単に短期的に変えられるものではありません。経営者は長期的なスパンで経営を考える必要があるからです。

その一方で、株主としてはどうしても日々の株価に一喜一憂してしまいます。そのため、経営者としての長期的な時間軸と株主としての短期的な時間軸では、重点を置くところに違いが生じるのです。

また、上場企業には四半期決算の開示が求められているため、経営者には短期的な業績を重視せざるを得ない面もあります。ただし、経営者としての本来の目的はあくまでも会社の業績をよくすることです。そして、会社とは有機的なかたまりであるため、四半期という短いスパンで業績をすぐに上げることはなかなか難しい面があります。

それでも株主の要請により四半期ごとの決算開示を求められるため、本来やるべきことをできなかったり、やらなくてもよいことをやる必要があったりして、株主中心の経営という面が経営者の手足を縛っている傾向もあるのです。

株をいつ売るのか？

株とは売り買いされるものです。株主であるオーナー経営者には、いつ株を売るのかという問題が出てきます。オーナー経営者が所有する株を売るのは、それを売らないと儲けが出ないからです。儲けを出すためには、いつか売らなければなりません。

それではいつ売るのか。ただし、経営者なので一般の株主とは違ってインサイダー情報を持っています。インサイダー情報をもとに売り買いをすれば、当然、インサイダー取引となって罰せられます。

いつなら、売ることができるのか。例えば四半期決算の開示の直後であれば、ほかの株主が情報を知ることのできる同じタイミングとなり、売ることができます。

もう一つの株を売るタイミングは株式上場、IPOを果たした時です。株式公開時も四半期決算と同じように、会社にどのような強みがあって、どのような状況であるかをすべて開示する瞬間なので、株を売るチャンスと言えます。

ただし実際には、オーナー経営者にはなかなか売るタイミングがないという現実があります。その理由は、例えば株式公開時は売ってもいいタイミングではありますが、今後の成長を見込んでいることを大きく謳って上場したわけです。そんな時に株を売るのは、株価が下がることを見越しているのではないかと見られてしまいます。

そのように見られることが個人的感情として嫌なので、売りにくいという現実があり、自社の株をなかなか売れないことがオーナー経営者の悩みでもあるのです。

四半期の開示の時も同様です。株を売るということは、経営者として今が業績のピークであり、つまり以後は右肩下がりになると認めてしまうことになるからです。株を売ると、オーナーは将来業績が悪化すると見ているとSNSや掲示板等に書かれたりします。将来の見通しが暗いと思われたくないという感情から、なかなか売ることができないのです。

売れないから株式担保融資を利用する

それではオーナー経営者はどうしているのか。

時価相場により所有する株が表面上はしかるべき金額になったとしても、実際にお金を使うことはできません。そこで、オーナー経営者は株式担保融資を利用することがよくあります。

これは持っている株を担保に金融機関からお金を借りることです。不動産を担保にしてお金を借りるのと同じで、上場株という資産価値があるものを担保にして、自分でお金を使いたい時には多くの経営者がこの手法を利用しています。

ZOZOの創業者の前澤さんやソフトバンクの孫さんなども行っています。前澤さんはZOZOを売却する前、株価がもう少し下がると担保が足りなくなって担保権を行使される寸前であったという話もあります。

株を担保にお金を借りるのですが、株価が下がると当然、担保価値が下がります。そうなると担保権を行使されます。すなわち、株を相手に渡すことになり、その株は売られてしまいます。

ただ、オーナーが株を売り始めると、株価はさらに下がります。株価が下がると、また追加で担保を渡す必要が生じてきます。

こうして泥沼のように株価が下がってしまうリスクがあるのが株式担保融資になります。実際に株式担保融資を行使されて、資産価値を大きく減らしてしまった経営者もいます。

株式担保融資の恐ろしい点は、担保を行使されたくないという思いから短期の業績に目がいってしまうことです。株価がたとえ一時的にでも悪くなってしまうと担保権を行使されるため、一瞬たりとも特定の株価より下げたくないと考えます。その結果、株価の値下がりを防ぐような意思決定や発表をしたりすることで、経営が歪んでしまうリスクがあるのです。

みんなイーロン・マスクにはなれない

オーナー経営者という言葉だけを捉えると、会社の所有者と経営者が同じということです。ただし、株式会社とはもともと所有と経営を分離するという考えから始まっています。経営者はお金を調達することをあまり考えなくてもいい、もしくは外部からの資金をたくさん使えることがメリットになります。そして、株主が経営者をコントロールする仕組みになっています。

もともと株主という立場と経営者という立場には相反するものがあるのですが、それをよしとするという考え方もありますし、両者の対立で意思決定が遅くなったり鈍るという考え方もあります。

その点、オーナー経営者は両者が一つになっているので、一致した意思決定ができると見られる部分もあります。オーナー経営者だからこそ長期的な視点で経営を見られるという考え方です。ところが、株式担保融資に手を染めてしまうと、オーナー経営者ほど短期的な目線に陥ってしまうという弊害があるのです。

イーロン・マスクはテスラの株をどんどん売却し現金化して、Twitterの買収などを行いました。なぜ彼はそうしたことができるかというと、まわりの声を気にしないからです。

株を売る＝現在のほうが将来よりも業績がいいということを認めることになると言えます。株を売ると、株主から将来性がないことをバッシングされたりするので、通常、オーナー経営者はなかなか株を売却できません。しかし、イーロン・マスクはそんなことにはお構いなしなのです。

オーナー経営者がみんな、イーロン・マスクみたいに強い意志を持てるのならいつでも株を売ることができるのですが、実際にはそこまで強気になれる日本の経営者はほとんどいません。そこで株を売るのではなく、株式担保融資に手を染めることが多いと考えられます。

今後上場企業のオーナー経営者になる方に

上場企業を目指しているオーナー経営者は、上場する前には上場を一つの目的、ゴールとして走り出しています。上場時によい株価を付けることを目標として、会社一丸となって努力します。

そして、本来なら上場のタイミングである程度株を売って、個人として必要な額は現金化したほうが望ましいと考えられます。しかし、将来株価が上がる見込みがあるのであれば、将来に売ったほうが得だと考えたりして、なかなか思い切って売ることができないのです。

本来であれば、オーナー経営者個人がそれまで経営してきたことへの対価を受け取ったほうがよいと思います。ただし、それはなかなか実現できることではありません。そうだとしたら、どのようにバランスを取っていくかを検討する必要があります。

第1章

オーナー企業の歴史

世界最古の同族企業・金剛組

オーナー経営者が経営するオーナー企業にはどんな特徴があるのでしょうか。当然、長所と短所、メリットとデメリットがあります。まずこの章では、日本におけるオーナー企業の歴史を概観してみます。

日本には創業以来、長く続いている長寿企業と言える企業が多くあります。２０２２年時点で、１００年以上続いている企業は３万７０００社以上あります。

その中で最も古いのは飛鳥時代創業の金剛組で、世界最古の企業と言われています。西暦５７８年、聖徳太子の命を受けて３人の工匠が朝鮮半島の百済から招かれ、そのうちの一人が金剛組の創業者である金剛重光です。

工匠たちは日本最初の官寺となる四天王寺の建立を命じられましたが、当時の日本には本格的な寺院を建てられる技術者がおらず、仏教の先進国であった百済から技術者が呼び寄せられたのです。

四天王寺の完成後、ほかの二名が大和と山城に配置されたのに対し、金剛重光は「これからも四天王寺をお守りせよ」と命じられ、そのまま四天王寺に残りました。以降、金剛家の当主は代々、四天王寺を護る大工の称号「正大工職」という役目を与えられています。戦乱や落雷、台風、空襲などにより過去7回、四天王寺にある五重塔が焼失するなど、苦境に直面しながらも、金剛組の経営は創業から江戸時代まで比較的安定していました。

しかし、明治維新後に「神仏分離令」が発令、江戸時代の仏教寺院は幕府の保護を受けて幕藩体制の一翼を担っていましたが、明治政府は国家公認の宗教を江戸時代の仏教から神道に転換させることにしたのです。寺領を没収された寺院は困窮することになり、四天王寺も寺領を失い、金剛組へ扶持米を支給できなくなっただけでなく、安定的な伽藍整備を金剛組に発注することも難しくなりました。

それまで金剛組は四天王寺からの仕事だけを請け負っていたのですが、ほかの寺社の仕事も請け負わざるを得なくなります。四天王寺のお抱え宮大工という信用力、高い技術力を武器に仕事を獲得していきますが、四天王寺以外の寺院への営業には相当な苦労があったはずです。

明治維新後、ほかの多くの宮大工家が西洋建築に乗り出し、政府や軍隊の工事を受注して成長していきました。一方、金剛組は扶持米の給付は得られなくなったものの、四天王寺を中心とした寺社からの工事を受注することで経営を維持し、工事のエリアも大阪にとどまっていました。

昭和５年の昭和恐慌で経営は悪化し、当主の金剛治一が経営不振の責任を取って自殺。その後、妻のよしゑが経営再建。しかし、現場の技術を知らない女性が棟梁になることで技術と経営の分離が進みました。

終戦後は１９５０年の文化財保護法の施行がきっかけで神社仏閣の再建ブームが到来。再建を担う宮大工を抱えている建設会社が少なかったため、金剛組には四天王寺以外の寺社から注文が殺到しました。

ただ、この日本最古の企業においては、本書のテーマである時価総額経営という観点での経営はなされていませんでした。そしてその後、２００５年に髙松建設の子会社となっています。

日本のオーナー企業の特徴

金剛組では創業から１４００年以上、創業家による経営が続きました。そして、１００

年以上続いている企業３万７０００社のうち、９割以上がいわゆるファミリービジネスとなっていて、しかも創業家がずっと続けているビジネスが多くなっています。本書の読者対象としてオーナー企業の経営者を想定していますが、この点が日本のオーナー企業の特徴となっています。

　また、日本的経営の特徴として終身雇用制や年功序列、企業内組合などがあげられますが、ファミリービジネスも日本の特徴の一つと言えます。海外にもファミリービジネスは多く見られますが、海外の企業と比べた場合、日本で特徴的なのは所有はしなくても長い間経営に携わっていることです。

　海外でのファミリービジネスの実態では多くの場合、ファミリーによる所有が伴いますが、日本では株をほとんど持たなくてもファミリーが経営することがよくあります。

　また、長寿企業とも関連して、ファミリービジネスの存続を可能にさせる独特のメカニズムがあります。ファミリービジネスでは後継者問題が難問になることがしばしばありますが、日本には社会的な措置として婿養子などの慣習があります。家族ではなく、「家（家業）」を大事にするために外部から後継者を選び、苗字や財産を与えるわけです。

　これはほかの国には見られない仕組みであり、ファミリービジネスを永続させるために生み出された日本独特の社会的な制度と言えます。

婿養子のほかにも、「番頭」という仕組みもあります。日本における番頭は、欧米におけるシニアマネージャーよりも非常に大きな機能を果たしていて、ファミリービジネスの存続に大きく関与しています。

それ以外にも例えば財閥の三井家は、欧米のファミリービジネスに似た機能である「大元方（おおもとかた）」（ファミリーの資産管理機関）を早くから持っていました。

また、そうした日本のファミリービジネスの特徴として時価総額経営はなされていませんでした。

日本の老舗の経営哲学

約５００もの企業に関わり「日本資本主義の父」と称される渋沢栄一は儒教と商業倫理を結び付けています。また、近江商人には「三方良し」という伝統的な言葉があり、これは「売り手良し」「買い手良し」「世間良し」の三つの「良し」で、売り手と買い手がともに満足し、さらに社会貢献もできるのがよい商売であるとされています。

こうした考え方は長寿企業のあり方と関係している面もあります。日本の老舗ビジネスに昔から根づいている経営理念や経営哲学、企業を存続させるためのノウハウが日本には多くあると考えられるのです。

また、財閥という言葉を聞くと、オーナー一族が支配する同族的な企業というイメージがあり、それが経済史や世界の常識でもありました。しかし、経営史が行った一番の発見は、財閥系企業のほうがむしろ大卒で非同族の専門経営者を雇い入れていたということです。

実は、一般的に言われるファミリービジネスは財閥以外の会社のほうが多いのです。財閥は家族が所有権を持っているが支配はしない。これが財閥の実際の姿であり、所有と経営の分離が進んでいたことが日本の財閥の特徴となっています。

戦前の日本では大企業も家族企業も政府の影響を除けば、すべて資本主義の原理にしたがっていました。オーナー経営者は全権を持ち、大企業では大学卒のエリートが財閥本社に雇われ、個別事業に送り込まれて経営を行っていました。すなわち、コンセンサス経営ではなく、経営者・管理者のリーダーシップが強かったと言えます。

第一次世界大戦直後の１９１９年には、従業員数を見ても国営企業の比重が大きく低下し、家族・同族企業や独立系企業が急伸しています。中でもその頃の家族・同族企業の伸びは著しく、会社数（53％）でも従業員数（41％）でもトップに立っています（中村尚史「戦前期日本のファミリー・ビジネス」：星野妙子編『ファミリー・ビジネスの経営と革新』アジア経済研究所、所収）。

それは、第一次世界大戦期にはファミリービジネスの多角化が急速に進み、多くの家族・同族系企業が設立・拡張されたことが要因と思われます。ただし、そのブームは大戦後の反動恐慌によって崩壊し、１９２２年には再び国営企業が従業員数のトップに返り咲いています。このような傾向は、三菱・三井・住友の三大財閥でも指摘できます。

また、戦前の日本のファミリービジネスが「財閥」という形で巨大化する最大の要因となったのは、積極的な事業の多角化にあったと言われています。ファミリービジネスの事業多角化時期を見ると、明治前期、日清戦争戦後期、第一次世界大戦期の３つのピークが存在したことがわかります。

ファミリービジネスの多角化においては、第一次世界大戦期よりもむしろ明治中後期のほうが重要と言えます。

第一次世界大戦による急激な経済環境の変化は、ビジネスチャンスの拡大をもたらし、多くのファミリービジネスが多角化によってチャンスを獲得しようと試みました。しかし、大戦ブームの恩恵を内部化できたのは、第一次世界大戦以前に多角化を成功させて人的資源を蓄積していた三井、三菱、住友であり、結果的に彼らだけが財閥としての地位を確立できたのです。

なお、明治に勃興した財閥としては、江戸時代の豪商が財閥になったケース（鴻池、住友、三井）と、明治に入って一代で財を築き上げたケース（三菱、渋沢、安田、浅野、大倉、古河、川崎、藤田）の2つのグループに分けられます。

そもそも「財閥」という言葉が使用されたのは、明治中期の甲州財閥が始まりとされています。これは甲州出身の事業家たちが連携して経済界を席巻したことを意味していますが、時代の流れとともに三井財閥、三菱財閥のように一族を権力の中心とする企業の巨大連合体の力が強くなり、甲州財閥は弱体化していきました。

江戸時代から続く豪商の三井や住友では創業家の当主が経営にあたることはなく、優秀な番頭らに経営が委ねられていました。これに対し、幕末に一代で事業を築いた三菱は、創業家の中で経営トップが受け継がれていく形を取りました。

そして、この時代も時価総額経営はなされていません。

戦後初期からバブル期までのオーナー企業の特徴

太平洋戦争後、GHQは当初、日本の再軍備の要因となる経済力を潰そうと「財閥解体、企業の分割、戦争協力者のパージ、軍事力につながる産業の解体」などを進めました。また、戦後の日本に浸透した民主主義の影響は強く、企業内でも平等意識が高まり、従業員主権の考え方が広がっていったのです。

その後の1980年代、アメリカはベトナム戦争とインフレの渦中で疲弊し、経済的に苦しい時代を迎えます。そして、その時期元気だったのは日本とイタリアでした。当時の日本はオイルショックを克服し、家電、半導体、自動車などを中心に本格的にアメリカに進出し、貿易摩擦を引き起こすまで経済力を強めました。

その頃は「ジャパン・アズ・ナンバーワン」と称され、日本的経営の強さの秘密を探る研究が数多くなされました。特に注目されたのは、マサチューセッツ工科大学のソロー教授らによってアメリカ再生の処方箋として出版された邦訳『Made in America―アメリカ再生のための米日欧産業比較』（MIT産業生産性調査委員会著、依田直也訳、草思社）です。この本では日本の強さの秘密を「従業員を大事にするなどの〝家族的経営〟にある」とされました。

国の経済を支えた日本とイタリア企業に共通していたのは家族的経営であり、顔の見える資本主義であったのです。ところが、バブル崩壊後は一転して「日本経済の低迷の原因は日本的経営にあり」とされ、日本的経営の見直しとアメリカのビジネススクール流の科学的・戦略的経営の導入が一世を風靡することになりました。

伝統的なファミリー企業に対しては、一般的に保守的で現状維持という印象が強くあります。ただ、永続しているファミリー企業は「代々初代」という家訓に代表されるように、代が代わるごとに初代になったつもりで新しいことへの挑戦を奨励していました。

また、太平洋戦争後の日本では株式市場において二度の大きな動きがありました。一つ目は１９４９年に株式市場が再開されたことです。その際、戦前に活動していた多くの企業が再上場を行ったのですが、ＧＨＱによる政策の影響を受けて、いわゆる財閥企業（ファミリービジネス）は解体を余儀なくされました。このことが日本の上場企業にはファミリービジネスがないという印象をもたらした理由の一つかもしれません。

もう一つの動きは、１９６１年に第２部市場が新設されたことです。これをきっかけに、それまでに上場できずにいた、若くてエネルギーを持った多くの企業（その多くはファミリービジネス）が61年から64年にかけて上場を行ったのです。

１９６１年から２０００年まで、ファミリービジネスと非ファミリービジネスの業績を比較すると、ファミリービジネスの業績のほうが高くなっています。しかもファミリービジネスの中から創業者経営を除いて比較しても、まだファミリービジネスのほうが高いのです。

すなわち、戦後の日本においては、平均的にファミリービジネスの業績のほうが優れていたと言えます。

ここまでの考察をまとめると、戦後の日本経済を牽引してきたのは創業者経営を含むファミリービジネスであったと結論づけられます。そして、この時代は時価総額経営はなされていなかったのです。

オーナー企業は社会関係資本が潤沢にある

多くの企業では経営環境の急変や自然災害といった外部リスクへの対策として、物理的な面では自己資本の充実や利益の内部留保に努め、非常時に備えています。江戸時代の大店では、店の床下に小判を詰めた大きさの違うかめが埋められており、危機の大小に応じて使い分けるという仕組みがあったと言います。

現代でも１９９１年のバブル崩壊直後の時、ファミリービジネスの倒産件数は一般企業に比べて少数でした。ただ、数年が経過すると増えていったのですが、それでも内部留保を使い果たすまでは苦境を持ちこたえたと考えられます。

また、「社会関係資本（ソーシャル・キャピタル）」と呼ばれる人間関係の強さもファミリービジネスの特徴になっています。ファミリービジネスの多くは顧客をもとより、従業員や取引先、さらに地域社会まで、自社のステークホルダーを幅広くケアしています。そのおかげで万一の時には全社一丸となり、さらに地域の力も借りて復興を試み、生き残っていくのです。

そして、経営者の社会的責任（ＣＳＲ Corporate Social Responsibility）も、ファミリービジネスが古くから重視してきた経営姿勢と言えます。

では、その経営者の社会的責任は、現代においてはたして有効に実践されているでしょうか？　実は欧米をはじめ海外企業に立ち遅れているのではないでしょうか？　そしてそのことが今や日本的経営の大きな課題となって立ちふさがっているように筆者には思えます。次章では日本企業と欧米企業の社会課題への取り組みの違いを浮き彫りにしたいと思います。

第2章

オーナー利益先行日本企業 vs 社会貢献先行の欧米企業

ノーベル賞と芥川賞・直木賞

日本では、その企業の売上がいくらか、どれくらいの利益をあげているか、それらが大きいことが良い企業であると見られる傾向があります。一方、欧米では企業の利益額と同じように、どれくらい社会貢献のために寄付をしているかも重視されるようです。

この意識の差は、国民の寄付額にも表れています。日本人１人当たりの平均年間寄付額は約９６５４円、アメリカでは約10万３３３０円（２０２０年）。約5倍の差があります。そして、この差は直接的な寄付額だけでなく、さまざまな制度にも表れているのです。そこで、この章では「寄付」をキーワードに日本企業と欧米企業の違いを探ってみます。

唐突に感じられるかもしれませんが、ノーベル賞と芥川賞・直木賞を比較することで、日本企業と欧米企業の相違点が浮かび上がってきます。

芥川賞・直木賞は、当初は一企業である株式会社文藝春秋が運営していましたが、途中からは日本文学振興会（現在は公益社団法人）が運営にあたっています。もっとも、日本文学振興会は理事長をはじめ役員には文藝春秋の関係者が多く関わっており、文藝春秋という営利企業の「外郭団体」が運営していると言えます。

受賞対象は、芥川賞であれば「雑誌（同人雑誌を含む）に発表された、新進作家による純文学の中・短編作品のなかから、最も優秀な作品に贈られる賞」、直木賞であれば「新進・中堅作家によるエンターテインメント作品の単行本（長編小説もしくは短編集）のなかから、最も優秀な作品に贈られる賞」となっており、賞金１００万円と懐中時計が贈呈されます。

一方、ノーベル賞はダイナマイトの発明者であるアルフレッド・ノーベルによって創設されたノーベル財団が運営しています。ノーベル賞は、いわばノーベルの寄付によってつくられたとも言えます。ノーベル賞には現在、物理学賞、化学賞、生理学・医学賞、文学賞、平和賞、経済学賞の６つの賞があり、賞金は約１億円です。

ノーベル賞全般における受賞条件は、人類の福祉への最大の貢献を果たしていることで、文学賞の条件として理想主義的傾向の最も優れた作品を創作した人物であることです。どちらもノーベルの遺言より決められているもので、スケールがかなり大きくなっています。

芥川賞・直木賞は日本文学の発展を願って創設されたのでしょうが、その背景には出版社の売上に結び付けたいという思惑が感じられます。一方、ノーベル賞には人類の福祉への貢献という目標があります。世界的な知名度には大きな差があるため、比較することには無理があるかもしれませんが、両者の目的の違いには本章のテーマに共通する点が感じられるのです。

MITスローン校（MITのMBA）

ノーベル賞は世界的に有名ですが、欧米にはほかにも寄付によって大きな社会貢献をしている企業や起業家が多く見られます。その代表的なものを紹介します。

まずは、MIT（マサチューセッツ工科大学）スローン校です。スローンというのは人名で、アルフレッド・スローンのことです。

1892年にMITへ入学したスローンはわずか3年で卒業（電気工学）し、1923年にはGM（ゼネラルモーターズ）の社長に選出され、その後23年間、最高経営責任者を務めました。スローンは分権型業務を可能とする、規律ある専門的な管理システムを開発してGMに適用、業界でのシェアを安定的に拡大させせました。

現実主義者であり人道主義者、そして慈善家であったスローンは財団を設立し、

1938年に母校であるMITにおいて、国家の繁栄の推進力となる者を育てられるようにするべくMIT経営者育成プログラムへ全額出資し、自らの名前を冠したのです。

当時のアメリカ社会には、女性、アフロアメリカン、ヒスパニック系アメリカ人、先住民系の人々が社会から排除されてきたという歴史的な差別や利益の不公平がありました。そこで財団が支援する研究を行うコミュニティでは、そうした差別や利益の不公平を排除して健全性を保つことを課題にしたのです。

スローン財団は「高品質で公平な科学研究を支援し、多様な科学に関する従事者を育て、科学に関する公衆理解と関与を強化し、科学的な活動を行う機関の健全性を促進する非営利の助成機関です」（https://sloan.org/ の日本語訳）。

このように、昨今叫ばれている多様性（ダイバーシティ）という言葉をこの時代から重視していたという点で、まさに慧眼であったと言えます。

ビル&メリンダ・ゲイツ財団

ビル&メリンダ・ゲイツ財団はマイクロソフト社の元会長ビル・ゲイツと妻のメリンダ

によって、２０００年に創設された慈善団体です。２００６年には、世界でも有数の投資家ウォーレン・バフェットの寄付により財団の規模が倍増し、慈善団体としての規模は全米最大で、世界的にも資金額で１、2位を争う規模になっています。

２０２３年度予算は83億ドル（約１兆１５００億円）。「すべての人が健康で生産的な生活を送る機会を得られる世界を創造すること」をミッションに掲げ、財団の資金や企業との豊富なコラボレーションを活かし、世界的な平等（ジェンダー、小児、成長機会、健康、教育）を実現することを目的としています。

①健康の改善、②貧困削減、③米国におけるＩＴアクセス機会の拡大を目指し、具体的には、世界的な平等を実現し得る活動、開発、プログラムなどを支援し、多様性（アイデンティティ、視点、スキル、スタイルにおける幅広い違い）、公平性（公正、透明性、一貫性のある実践と政策）、包括性（誰も傷付けず、積極的に歓迎し、つながり、価値を与える環境）への取り組みを行っています。

また、

・誠実性を追求する文化

・〝一つのグローバルな財団〟として考え行動する

・インパクト重視

この3つの優先事項が掲げられており、多様性、公平性、包括性をすべての活動の基本原則としなければ、3つの優先事項は達成できないとされています。

なお、多様性（Diversity）、公平性（Equality）、包括性（Inclusion）は合わせて、3つの頭字からＤＥＩと呼ばれ、誰もが成長できる公平な職場環境をつくることを意味しています。現在、グローバル企業にとってＤＥＩへの取り組みは経営上の重要な柱になってきているのです。

ビル＆メリンダ・ゲイツ財団の各部門の取り組みは、以下のようになっています。

ジェンダー平等部門（Gender Equality Division）

・女性の経済参加と意思決定権の促進
・指導的役割への女性のアクセスの増加
・女性の健康と身体の自律性の改善と保護
・子どもの生存と回復力の向上

これらの擁護と拡大を目的とした最も効果的な擁護者やプログラムの一部に資金を提供している。

グローバル開発部門（Global Development Division）

・サイクロン、地震、病気の流行（エボラ出血熱や新型コロナウイルス感染症の流行を含む）など急速に発生する自然災害に対応する救援活動や、予防接種を受けていない子どもたちの割合が最も高い地域にワクチンを届ける取り組みなどを支援。

グローバル成長・機会部門（Global Growth & Opportunity Division）

・途上国の人々に飢餓と貧困を克服する機会を与える。

・包括的で持続可能な経済成長を促進するために、市場ベースのイノベーションの創出と拡大に重点を置いている。

・貧困地域の農家への投資、教育プログラムの実施、衛生技術の開発。

グローバルヘルス部門（Global Health Division）

・健康における不平等を減らすことを目的としている。

・途上国における主要な疾病に対して科学技術の進歩を活用した革新的な支援を実施する。

・開発途上国における感染症や子どもの死亡の主な原因となる疾病を軽減するための新しいツールや戦略を開発する。

グローバルポリシー&アドボカシー部門（Global Policy & Advocacy Division）

・戦略的関係を構築し、当社の取り組みの推進に役立つ政策を推進することを目指している。
・経済および金融における新たな傾向や問題を視野に入れて調査し、パートナーや助成金受領者と協力して経済および金融に関する情報を収集。
・世界中の寄付者や慈善団体と協力し、寄付・慈善活動部門を強化、研究・イノベーション・コラボレーション・知識の共有をサポート。

米国プログラム部門（United States Program Division）

・米国内公立学校の、アフロアメリカンやヒスパニック系の生徒、低所得層の生徒など、特に大きな障壁に直面しているすべての生徒たちが確実に進学できるよう、支援する。
・米国における数学教育への支援：生徒の興味とモチベーションを維持する、より良い教材の開発、これらの教材を提供するために必要なサポートを教師へ提供、各数学コースで生徒が次のコースに向けて準備できるようにする。

一起業家であったビル・ゲイツ個人が始めた財団が、これだけ大規模に社会貢献を行っているということがアメリカでの社会貢献に対する強さを示していると言えるでしょう。

米国企業の社会課題解決への取り組み

アメリカには社会課題の解決に取り組んでいる企業が数多くあります。それらの活動をまとめてみました。

Apple

・Appleが提供しているiPhoneシリーズのスピーカーには、iPhone6から再生プラスチックを使用している。

・ハードウェア設計の重要な要素である金は高価なものであり再利用が求められているため、iPhone13にはリサイクルした金を使用している。

・２０２１年、世界中のAppleの支社で女性リーダーがおよそ47%を占めている。また、黒人の社員が13%、ヒスパニック系の社員が12%を占めており、性別や人種に拘わらず誰もが活躍できる環境を提供。

Patagonia

・製品の86%はフェアトレード認証された物からつくられている。これは衣料品製造に従事する人の多くが長時間労働や低賃金を強いられている現状を解決することが求められているためである。

・服に使用されているバージンコットンは１００％有機栽培されており、原材料の生産においても環境を汚染しないように心がけている。

BMW

・総合的なサステナビリティを追求しており、管理・購買・生産・流通のすべての工程で持続可能性を重視している。

・排出されるCO_2量を減らすために電気自動車の開発を進めており、２０２３年までに12種類の完全電気自動車を開発する計画を掲げてきた。電気自動車が市場に浸透して当たり前の存在になるために、電気自動車のラインナップを増やそうとしている。

Vestas Wind Systems*

・循環型の製品設計の取り組み、製造工程からのCO_2排出と廃棄物の削減、サステナビリティ目標における戦略サプライヤーとの連携、業務用車両や会社支給車の内燃エンジン車から電気自動車への完全転換などのサステナビリティの取り組みを行っている。

*デンマークの風力発電機の世界的メーカー。Global 100 Index（世界で最も持続可能な企業１００社）２０２２年版にて第1位。同２０２３年版にて第2位。

Autodesk*

・再生可能エネルギーで発電された電気だけを使用することを表明している。
・オートデスク基金の設立や、未来のデザイナーの支援、健康管理、温室効果ガス削減、再生可能エネルギー使用、ＬＥＥＤ認証取得などさまざまなＥＳＧプログラムを実施している。
＊米国に本社を置く、３Ｄ技術を使ったデザイン・設計、エンジニアリング、エンターテインメント向けソフトウェアのリーディング企業。Global 100 Index（世界で最も持続可能な企業１００社）２０２２年版にて第3位。同２０２３年版にて第5位。

Schneider Electric*

・２０５０年までに環境に有益な製品の売上高を80%にする、２０１８年比で8億トンのCO_2排出削減、製品材料のうち、環境に良いものの使用率を50%にする、１００万人の恵まれない人々にエネルギー管理のトレーニングを行うなどを目標に掲げている。
・実際にSchneiderが２０２２年に出荷する全梱包資材のうち45%が、使い捨てプラスチック不使用となり、再生ダンボールを使用したものとなった（前年：21%）。
・ソリューションとプロジェクトを通じてグリーンで信頼性の高い電力へのアクセスを５５０万人拡大した。
・約7万人に、エネルギーマネジメントのトレーニングプログラムを提供した等の実績がある。

＊エネルギー管理と自動化のデジタルトランスフォーメーションを推進するフランスの企業。Global 100 Index（世界で最も持続可能な企業１００社）２０２２年版にて第４位。同２０２３年版にて第７位。

Amazon

・２０４０年までに事業全体のＣＯ$_2$排出実質ゼロを目指す。
・２０３０年までに再生可能エネルギー１００％利用を目標。
・「シップメント・ゼロ」：２０３０年までにAmazon全配送の50％を脱炭素化、ＥＶを10万台導入予定等。
・Amazon Payなどで、銀行口座を持てない信用度の低い金融弱者向けの金融サービスへのアクセスを提供。

Google

・創業した１９９８年からカーボンニュートラルを達成した２００７年までに排出した「カーボンレガシー（二酸化炭素排出量の遺産）」をすべてオフセットし、ゼロにした。
・２０３０年までに世界の事業所やデータセンターなどで使われる電力を、非化石証書などを用いた再生可能エネルギーの利用ではなく、二酸化炭素を排出しない「カーボンフリー」エネルギーに完全に切り替える。ＣＥＯは、この新たな目標達成の過程で「世界のクリーンエネルギーとその関連産業で2万人以上の雇用創出が見込める」と話す。

Microsoft

・２０３０年までにカーボンネガティブとなり、１９７５年の創業以来、直接的および電力消費により間接的に排出してきたCO_2の環境への影響を２０５０年までに完全に排除。
・２０２１年には世界中のプロジェクトで１３０万トンの炭素を除去。
・２０２０年にはすべてのスコープで58万６６８３トンのCO_2を削減。

Netflix

・２０２１年、全世界の従業員の女性比率が51・７%に上昇（前年度48・７%）、ディレクター以上の役職だと47・８%から51・１%に上昇。
・米国内では、歴史的に排除されてきた民族・人種（アジア人、黒人、ヒスパニックまたはラティーノ、中東または北アフリカ人、ネイティブアメリカン、太平洋諸島人を含む）の従業員が、２０２０年の47%未満から１年で50・５%に増加した。

Kering*

・２０１５年に世界で初めて環境負荷を貨幣換算した「環境損益計算書（ＥＰ＆Ｌ）」を公表。
・２０５０年までにカーボンゼロ達成などを目指すファッションおよび繊維業界の多国籍企業連合「ファッション協定」を主導（世界各国の２００ブランド超が賛同・署名）。
・２０２５年までに炭素排出量を50％削減。
・消費者やデザイナー向けに環境負荷計測アプリ「My Ep&L」を独自開発、アプリの利用でシューズ、コート、リング、ハンドバッグという４つの代表的なラグジュアリー製品の環境負荷を容易に知ることができる。
・２０２２年には全従業員の63％、管理職の56％、エグゼクティブ・コミッティーの33％、取締役会（従業員代表取締役を除く）の45％を女性が占めている。
*Gucci, Saint Laurent, Bottega Venetta, BALENCIAGAなどを買収し傘下に置く高級ブランド企業、３大コングロマリットの１つ（他２つはＬＶＭＨ、ＣＦＲ）。

McDonald's

・２０２１年の時点で、当社の一次包装材料の約82・７％、および一次繊維包装材料の96・８％がリサイクルまたは認定された供給源からのもの。
・２０５０年までにCO_2実質ゼロ排出。
・２０２０年以来、牛肉、鶏飼料用の大豆、パーム油、コーヒー、ゲストパッケージ用繊維という主要商品全体にわたって森林破壊のないサプライチェーンのサポートを実質的に達成し続けてきており、２０２１年にはこれら優先商品の合計で97・７%がサポート。
・カリフォルニア州のレストランで、水資源の効率化のためのパイロット事業を実施し、使用量はおよそ30%削減され、年間換算で３７０万ガロンの水を節約することができた。
・男性と女性の賃金の実質的な均一化を達成（平均して男性１ドルに対し女性には０・９９８５ドル支払っている）。
・２０２５年までに指導的地位（シニアディレクター以上）に占める女性の割合を世界的に増加させるという目標を掲げる。

LEGO

・現在年間約10万トンの石油由来プラスチックを使用しているが、２０３２年までにすべてのパーツを持続可能な資源からできたプラスチックに変える目標を掲げる。
・使用済みプラスチックを再利用した試作品を発表、今後市場への投入を見込む。

これまでみてきたように、欧米では既に、ＣＯ$_2$排出や再生可能エネルギーを中心にＥＳＧやＳＤＧｓに関わる取り組みを多く行っております。これらの取り組みが株主に評価された結果や、将来の利益が増えると見込まれた結果として高い時価総額につながっている面もあるかと考えています。

日本の価値観に合った「三方良し」

ひるがえって日本企業のオーナー経営者は、ＺＯＺＯの前澤さんの月面旅行や絵画の購入に代表されるように、自らの夢をかなえるためにお金を使っている傾向が強いように見えます。ジンズホールディングスの田中仁社長も出身地である群馬県の地域活性化を支援する財団を設立していますが、インサイダー取引疑惑によりバルミューダの社外取締役を辞任しています。

こうした出来事を見ると、日本ではここまで紹介してきたアメリカと同じようなレベルで社会課題の解決に取り組んでいる経営者はなかなかいないように思われます。

日本では税制の問題もあり、今後も財団や寄付という価値観が広く普及していくことは難しいと考えられます。しかし、日本には古来より近江商人の「買い手良し、売り手良し、世間良し」の「三方良し」という考え方があります。日本人は世間の目を気にする傾向が強いので、事業の中で世間良し＝社会課題の解決を目指していくのが最も適していると考えています。

その「三方良し」というメリットある伝統（と遺風）を現代に生かす方法としても、私はかねてからＥＳＧ経営やその評価法であるＳＲＯＩの導入を提唱してきました。

今後も日本のオーナー経営者は、今までの日本のオーナー企業の良い点を持ち続け、さらに昨今重視されつつあるＳＤＧｓやＥＳＧといった社会課題の解決をより重視していくことが望ましいと考えます。また、ＳＲＯＩのように社会的な価値をどれだけ創出してリターンを得たかということを貨幣価値に表し、それをもとにコミュニケーションを図ることも大事です。

次章ではその意義やこれまでの実績をご紹介したいと思います。

第3章

なぜESG経営や社会的インパクト、SROIが必要なのか？

ＳＤＧｓとＥＳＧ投資の台頭

本書の目的は、オーナー企業の経営者がどのような取り組みをすると株式の時価総額を上げることができるか、またそれによって自社株を売る最適なタイミングを予測することにあります。そして時価総額を上げるためには現在、世界的に注目を集めているＥＳＧ投資も重要な要素となります。

ＥＳＧとは、Environment（環境）、Social（社会）、Governance（ガバナンス／企業統治）のことで、ＥＳＧ投資とはこれらの要素を考慮し、将来性や持続性などの分析・評価を行い、投資先を選別することを言います。

社会の持続性なども考慮に入れることから、ＥＳＧ投資にはＳＤＧｓの実現との接点があります。ＥＳＧ投資はＳＤＧｓを実現するための１つの手段ということもできるでしょう。

投資先となる事業やプロジェクトが、環境問題や社会貢献に益することを重視しているか、投資先の企業が公私混同なしにマネジメントされているか、そしてもちろん、収益や成長性が見込まれるかも考慮されてその投資実行の有無が判断されます。

最近は、CO_2の排出量など気候変動に影響を及ぼす可能性のある情報も、企業としては開示すべき情報とされてきています。

ＥＳＧ投資とは、環境問題や社会貢献や企業統治に真面目に取り組む企業に投資することで、経済的なリターンを狙うという投資方法です。

一方、企業としてもＥＳＧへの積極的な取り組みは、その企業のイメージアップをもたらします。企業イメージの向上は業績アップにもつながるでしょう。

特に、年金基金など大きな資金を長期で運用する組織などを中心に、ＥＳＧ投資を重視するという考え方が浸透しつつあります。

また、ベンチャー企業に投資する投資ファンドにも、「金銭的なリターンだけを期待するのではなく、社会的に価値のある企業、社会貢献につながる事業に投資をしたい」という声が大きくなっています。

Ｅ・Ｓ・Ｇの3要素を重視して企業活動を行っていくことは、投資家が判断する際の企業価値の向上につながります。つまり、ＥＳＧ問題に注力することは、ＳＤＧｓの目標達成の実現に貢献することになります。ＳＤＧｓの達成には膨大な資金が必要ですが、ＥＳＧ投資はその資金調達手段としても期待されるのです。

実際に日本では、2019年6月に開催されたG20大阪サミット（金融・世界経済に関する首脳会合）で「拡大版SDGsアクションプラン」が採択されて、SDGs達成のための積極的な取り組みが始まっています。

ESG投資の歴史

ESGを考慮した投資の起源は1920年代にさかのぼります。当時の米国キリスト教会協議会（National Council of Churches of Christ）などが宗教上の理由によりタバコ、アルコール、ギャンブルなどの産業への投資を禁止したことがはじまりと言われています。

その後、1960年代頃からは社会課題、1990年代からは環境課題への意識が高まり、ESGの考え方が徐々に広がっていきました。

そしてESGが本格的に普及するきっかけとなったのは、2006年に国連が提唱した「責任投資原則」（PRI Principles for Responsible Investment）です。

これは、投資家が投資の意思決定をする際にESG（環境・社会問題・企業統治）の観点を考慮すべきであるとする世界共通のガイドラインで、以下の6つの原則で構成されています。

１　私たちは投資分析と意志決定のプロセスにＥＳＧの課題を組み込みます。

２　私たちは活動的な（株式）所有者になり、（株式の）所有方針と（株式の）所有慣習にＥＳＧ問題を組み入れます。

３　私たちは、投資対象の主体に対してＥＳＧの課題について適切な開示を求めます。

４　私たちは、資産運用業界において本原則が受け入れられ、実行に移されるように働きかけを行います。

５　私たちは、本原則を実行する際の効果を高めるために、協働します。

６　私たちは、本原則の実行に関する活動状況や進捗状況に関して報告します。

責任投資原則（ＰＲＩ）への賛同者は年々増加しており、２０２０年3月末時点で３０００を超える機関が署名し、署名機関の総資産運用残高は１００兆ドル（約1京円）を超えています。

ＥＳＧ投資とＥＳＧ経営の日本における普及

日本では２０１５年に、世界最大規模の年金積立金を運用する年金積立金管理運用独立行政法人（ＧＰＩＦ）がＰＲＩに署名したことが大きな注目を集めました。その後、ＧＰＩＦは実際に資金の運用先に対してＥＳＧへの取り組み姿勢を重視し、ＥＳＧインデックス（ＧＰＩＦは22年3月末時点で、Ｓ＆ＰのＥＳＧインデックスのほか、米ＭＳＣＩや英ＦＴＳＥラッセル、米モーニングスターの指数を参照しています）を採用しています。

この影響は大きく、各企業はＧＰＩＦが運用対象とするＥＳＧインデックスに採用されることが企業価値の向上につながると判断し、ＥＳＧ問題に積極的に対応するようになっています。

そして、日本を代表する企業や団体などから構成される経団連も、ＳＤＧｓ達成のためのリーダーシップを発揮し、積極的に取り組むことを表明しています。

また、２０２０年3月には経団連、東京大学、ＧＰＩＦの三者によって、ＳＤＧｓの実現に寄与するＥＳＧ投資の流れを加速するための共同研究報告書「ＥＳＧ投資の進化、Society 5.0 の実現、そしてＳＤＧｓの達成へ」が発表されました。

経団連とＧＰＩＦが共同してＳＤＧｓに取り組む意志を表明したことは大いに注目されます。影響力の大きい両者が積極的姿勢を示したことで、今後はその勢いがますます加速していくと考えられます。

なお、報告書のタイトルにある「Society 5.0」とは、日本が発信している言葉で、ＡＩやロボットの力を借りて、人がより快適に活力に満ちた生活を送ることができる「超スマート社会」のことを言います。日本が目指すべき未来社会の姿として提唱されました。

ちなみに、狩猟社会が「Society 1.0」、農耕社会が「Society 2.0」、工業社会が「Society 3.0」、情報社会が「Society 4.0」と定義されています。

ＥＳＧ経営の４つの意義

ＥＳＧ経営の意義として４点あげることができます。

１つ目の意義は、ＥＳＧを重視することでＥＳＧ投資を受けられることです。ＥＳＧを重視する投資家は増える一方なので、従来以上にＥＳＧを重視する企業に投資家が集まることが期待できます。

２つ目の意義は、ＥＳＧを重視する優秀な従業員が集まることです。日本総研の『若者の意識調査（報告）―ＥＳＧおよびＳＤＧｓ、キャリア等に対する意識―』において、経済状況が「豊かである」という内容の回答をした学生のほうが「普通」や「苦しい」と回答した学生より、環境問題や社会課題の解決意欲が高いことがわかっています。また、家庭の経済状況と大学進学率の関係性の調査では家庭の経済状況の豊かさと大学進学率に、正の相関関係があることが判明しています。

これらを総合するとＥＳＧを重視する企業には環境問題、社会課題を解決する意欲の高い、優秀な学生からの応募が増えると考えられます。

３つ目の意義は、ＥやＳを重視する消費者の支持を得られることです。PwC消費者サーベイシリーズ（２０２１年6月2日）によると「環境・社会を大切にする企業から商品を買いたい」という内容の回答をした消費者が75％を超えたことがわかっています。

今後、世界的にＥＳＧやＳＤＧｓへの関心が高まるにつれて、消費者の関心もさらに増していくことが予想されます。

そして４つ目の意義は、長期的に見ると業績にもポジティブな影響がある可能性が高いことです。

これには２つのパターンが考えられます。１つ目は前述したとおりＥＳＧ経営を行うことで優秀な従業員を確保することができ、それが業績に良い影響を与えるパターン。２つ目はＥＳＧ経営に臨むことで資本コストが減少し、結果的に企業価値が高まるパターンです。実際、ＥＳＧと投資収益性については、ＥＳＧ投資のパフォーマンスを分析した研究結果がすでに２０００以上（２０２１年時点）出ており、過去の研究を系統的・包括的に収集して量的に統合するメタ分析も行われています。

それによると、ＥＳＧ投資のパフォーマンスが「高い」という結果を出した研究は63％、「判断できない」が29％となっています。「低い」という結果は８％にとどまります。こうしたメタ分析を見ても、ＥＳＧ投資は合理性のある「投資」と言え、すなわち、企業の業績も高まると言えます。

ＥＳＧ投資とインパクト評価

ＳＤＧｓの達成に向けて政財官が一体になった取り組みが重視される中、投資家にはＳＤＧｓ達成につながるＥＳＧ問題への取り組みも考慮して投資先を評価する必要性が増しています。

ここで問題となるのが、実はＥＳＧ投資に関してEnvironment、Social、Governanceの定義があいまいなことです。つまり、ＥＳＧ投資に関する明確な判断基準が確立されていないという現状があります。

それでは、ＥＳＧ投資を行う際に判断基準となる指標はないのでしょうか？　最近注目を集めつつある「インパクト評価」がそのキーワードになります。

インパクト評価に関しては、「インパクト」「インパクト投資」、そしてこれらに「社会的」を付けた「社会的インパクト評価」「社会的インパクト」「社会的インパクト投資」などもよく使われるので、それぞれの言葉の定義を紹介します。

・インパクト

事業や活動の結果として生じた、社会的・環境的な変化や効果（短期・中期を問わない）。

・インパクト評価

インパクトを定量的・定性的に把握し、事業や活動について価値判断を加えること。

・インパクト投資

社会面・環境面での課題解決を図るとともに、経済的な利益を追求する投資行動のこと。投資（株式・債券）、融資、リース等、金銭的リターンを求める一切の金融取引をまとめて「投資」と呼ぶ。寄付・補助金・助成金等は対象外。

また、「アウトカム」という用語もよく使われます。アウトカムとは「成果」の意味ですが、ある活動などが社会に対してどのような影響を与えたか、その成果や結果を指します。あるプロジェクトに資金が投入された場合、その資金が「インプット」で、そこから生み出された直接の結果が「アウトプット」、短期・中期的な成果が「アウトカム」です。アウトカムより長期的な成果を「インパクト」と言うこともありますが、アウトカムとインパクトを同義で使うケースも見られます。

いずれにしろ、インパクトには波及効果までを含むというニュアンスがあります。左記のようなフローでご理解ください。

インプット　↓　アウトプット　↓　アウトカム　↓　インパクト

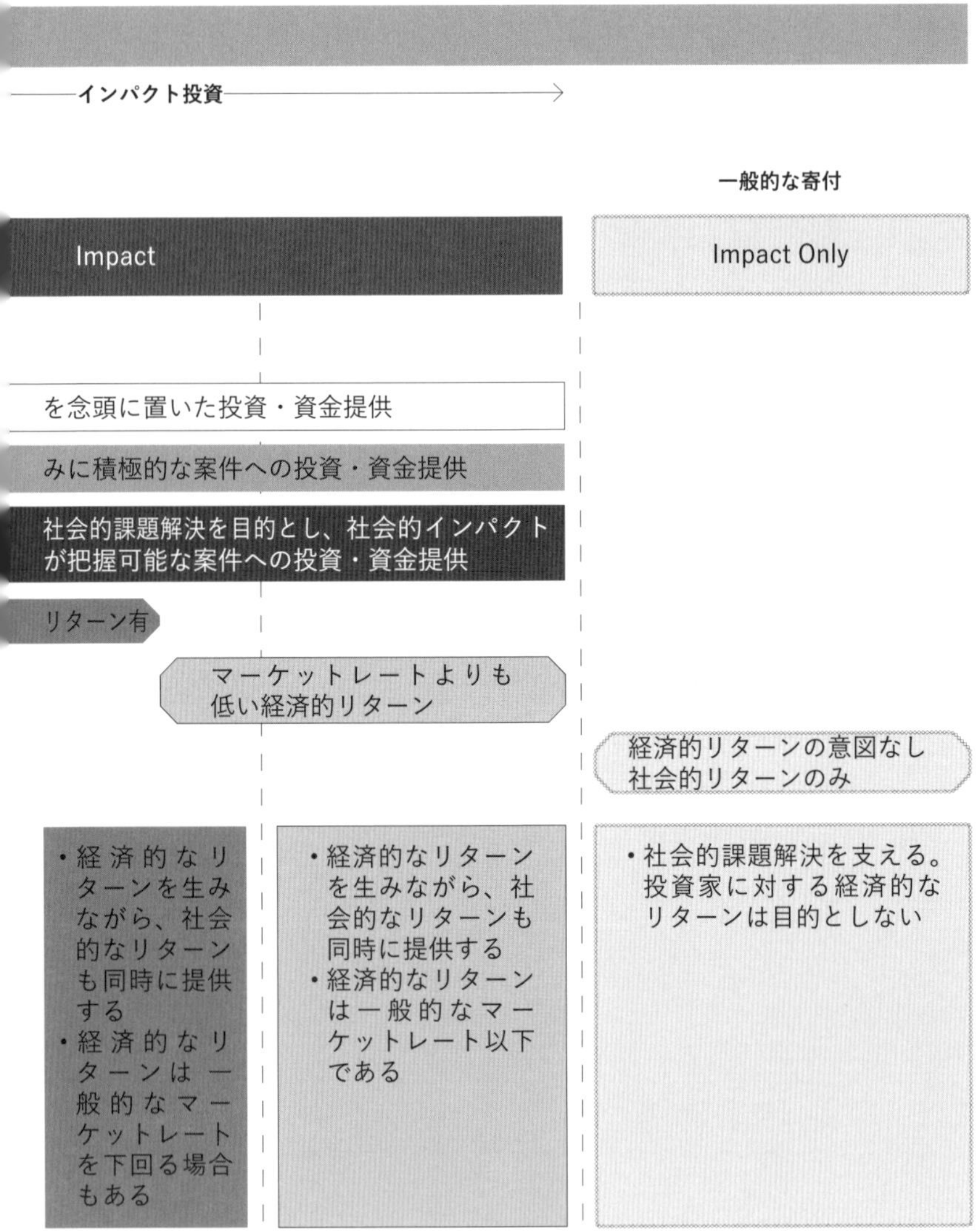
インパクト投資
一般的な寄付
Impact
Impact Only
を念頭に置いた投資・資金提供
みに積極的な案件への投資・資金提供
社会的課題解決を目的とし、社会的インパクトが把握可能な案件への投資・資金提供
リターン有
マーケットレートよりも低い経済的リターン
経済的リターンの意図なし社会的リターンのみ
・経済的なリターンを生みながら、社会的なリターンも同時に提供する
・経済的なリターンは一般的なマーケットレートを下回る場合もある
・経済的なリターンを生みながら、社会的なリターンも同時に提供する
・経済的なリターンは一般的なマーケットレート以下である
・社会的課題解決を支える。投資家に対する経済的なリターンは目的としない

図表１　インパクト投資とは何か

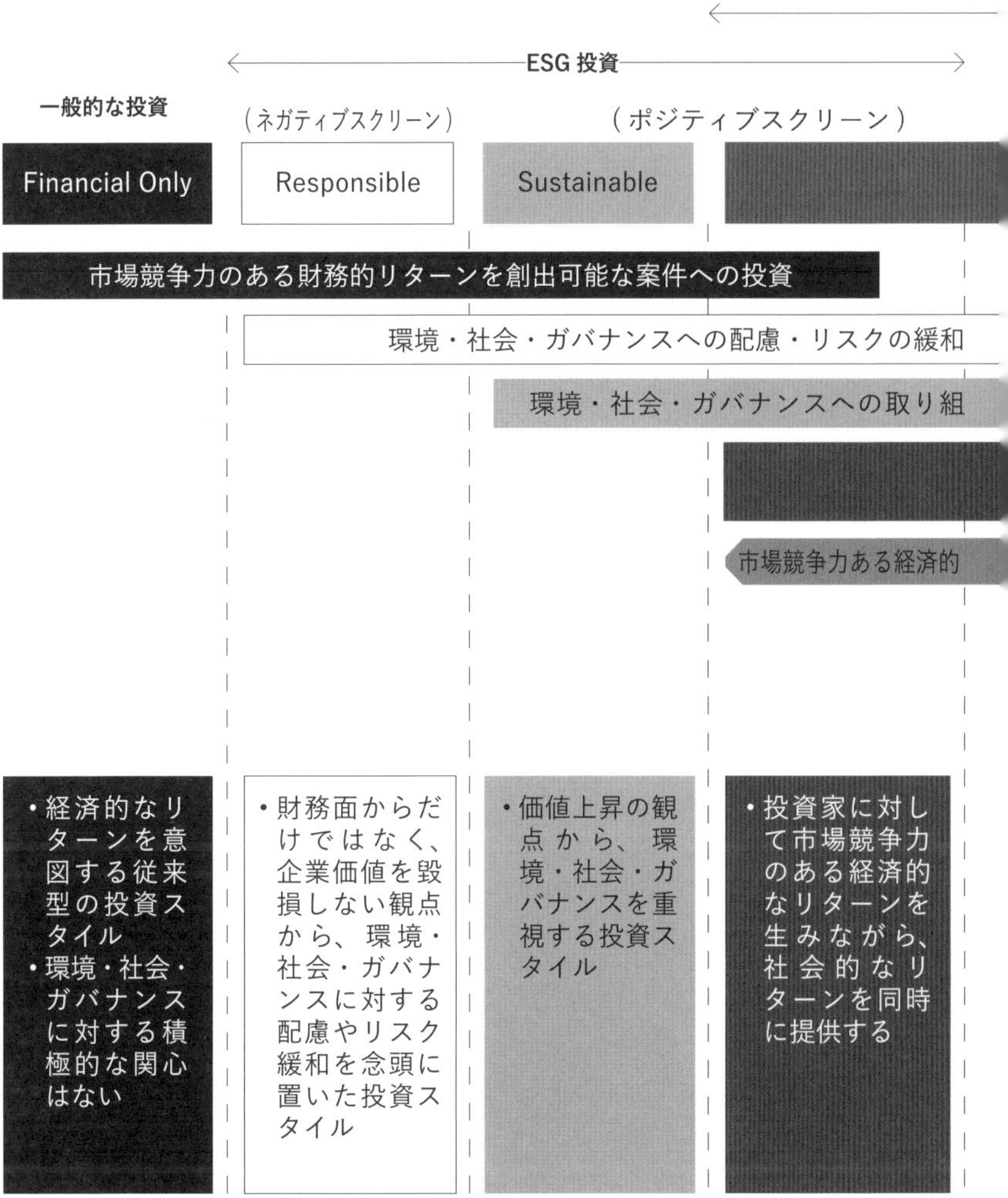

（出典）G8 社会的インパクト投資タスクフォース ALLOCATING FOR IMPACT（2014）を基に著者作成

投資の中には金銭的リターンだけを追求するものもあります。一方で、寄付やボランティア活動は何もリターンを求めない行動となります。

金銭的リターンを求める儲け至上主義とリターンを求めない寄付・ボランティア、この両者の間にあるのがインパクト投資です。すなわち、インパクト投資とは金銭的リターンと社会的・環境的な貢献、双方の成果を満たすことを目的としています。

図表1に、金銭的なリターン（いわば一般的な投資の成果）と社会的・環境的な貢献（いわば一般的な寄付）にはさまれた、インパクト投資とＥＳＧ投資の該当範囲を示したので参照ください。

このインパクト投資を評価する方法がインパクト評価となりますが、内閣府はインパクト評価を次のように定義しています。

「（社会的）インパクト評価は、担い手の活動が生み出す『社会的価値』を『可視化』し、これを『検証』し、資金等の提供者への説明責任（アカウンタビリティ）につなげていくとともに、評価の実施により組織内部で戦略と結果が共有され、事業・組織に対する理解が深まるなど組織の運営力強化に資するものです」

つまり、事業やプロジェクトで得られた効果や社会的な価値を、インパクト評価によって具体的に数値等で把握し、検証し、より良い社会をつくっていくことを目指すわけです。

企業活動の社会的価値を評価するということは、ＥＳＧ活動を評価することと共通する側面を持っています。言い換えると、インパクト投資の1つの分野がＥＳＧ投資となります。したがって、あるＥＳＧ投資が投資先として相応しいかどうかを投資家が評価する際には、インパクト評価を判断材料とすることが可能になります。

インパクト投資の実例

私たちが山形大学に協力して行ったプロジェクトで、インパクト投資の実例を紹介します。プロジェクトの目的は、バイタル（生体）センサーの導入が介護施設の介護士の負担軽減につながるかを検証することでした。

日本では看護の現場での人手不足が大きな社会問題になっています。そこで、最新テクノロジーの活用による介護士の負担解消方法が提案されました。

具体的には、センサーなどを活用したモニタリングで入居者の行動を計測・予測し、介護士の負担軽減につなげようという試みです。なぜなら、入居者への見まわりが介護士の大きな負担になっているからです。

高齢者の身体への負担を考慮すると、非接触型で身体に直接触れないセンサーなどによるモニタリングが望ましいと考えられます。例えば、ベッドの下にセンサーシートを敷き、体動（体の動き）などをチェックする方法等です。

そこで、山形大学の先生がベッドにセンサーシートを敷いて呼吸や脈拍などを計測し、体動を感知するという介護施設向けの「見守りシステム」をベンチャー企業、介護システム事業者と共同開発しました。

高感度のセンサーは睡眠の深さも検知できます。入居者の離床のほか、どのタイミングで起きるのか（目が覚めるのか）の予測も可能で、介護士の見まわり負担の軽減が期待されるものでした。

センサーを介護施設に導入し、効果を測定するプロジェクトが実行されました。

このプロジェクトは、介護士の負担軽減という社会に貢献する成果を目的としていることから、インパクト投資と捉えることができます。

以下に図表2で本プロジェクトの評価を説明します。

インプットはバイタルセンサーの導入で、アクティビティはそのセンサーシートで何をするか、具体的には介護施設に導入することになります。

アウトプットは、センサーシートによって介護施設で寝ている人の呼吸や睡眠などの状態を把握します。

アウトカムは、それによってどんな効果があるかですが、ここでは大きく2つの成果があげられます。

まず1つは、最終的にセンサーシートが介護施設での見まわりの代替になるという成果です。つねにセンサーシートが見守ってくれることで、これまで介護士が直接、起きているか寝ているか、呼吸しているか、見まわらなければいけなかったのをセンサーシートで代替できるようになります。

その結果、人手不足に悩まされている介護施設事業のサステナビリティがあがり、事業の存続につながるというインパクト、波及効果があります。

2つ目のアウトカムが、入居者側のメリットです。

センサーシートにより、つねに自分の呼吸状態や睡眠状態をモニターしているため、

プログラム」（山形大学）の全体像

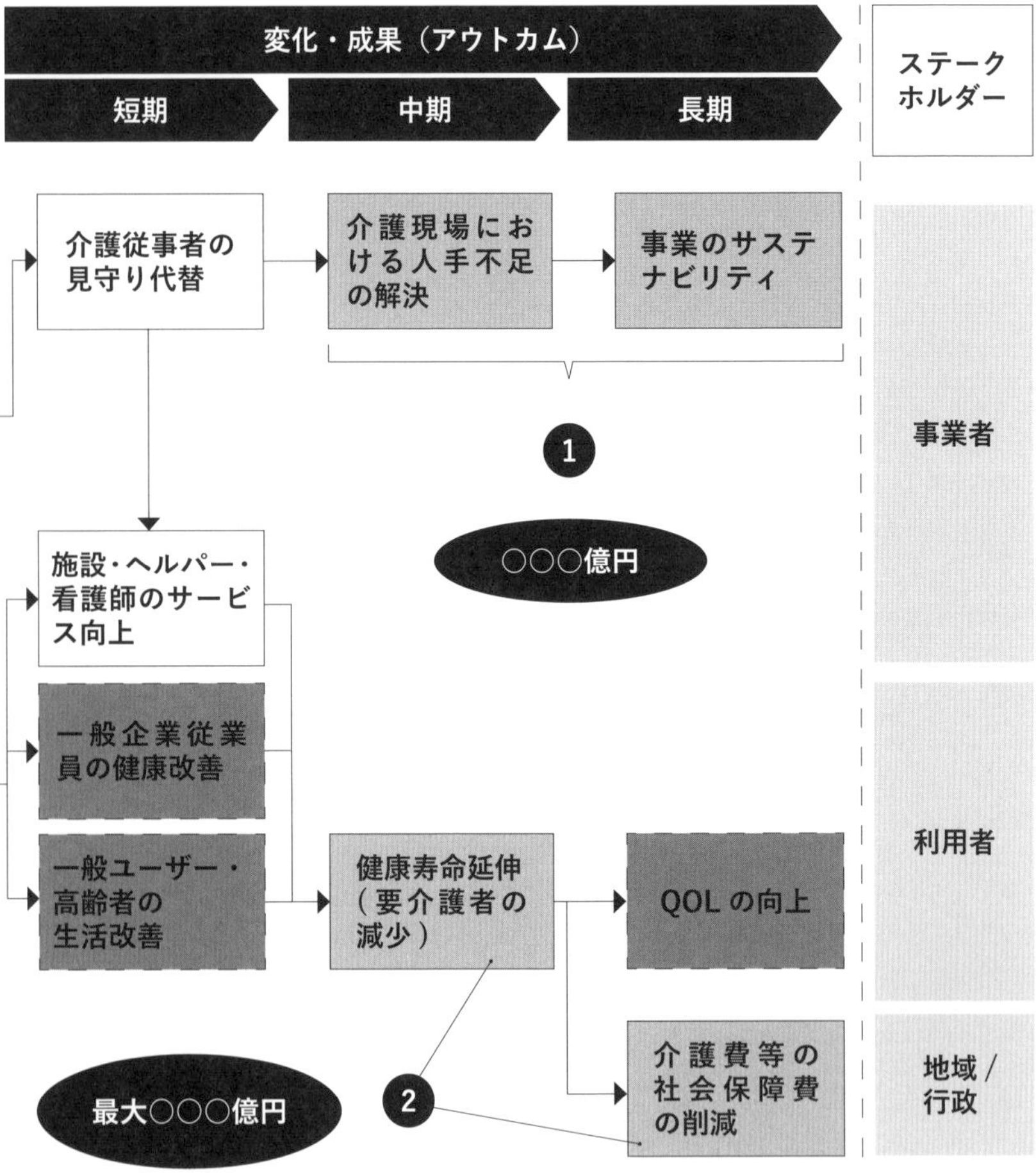

図表２　インパクト投資検証の事例：「地域イノベーション・エコシステム形成

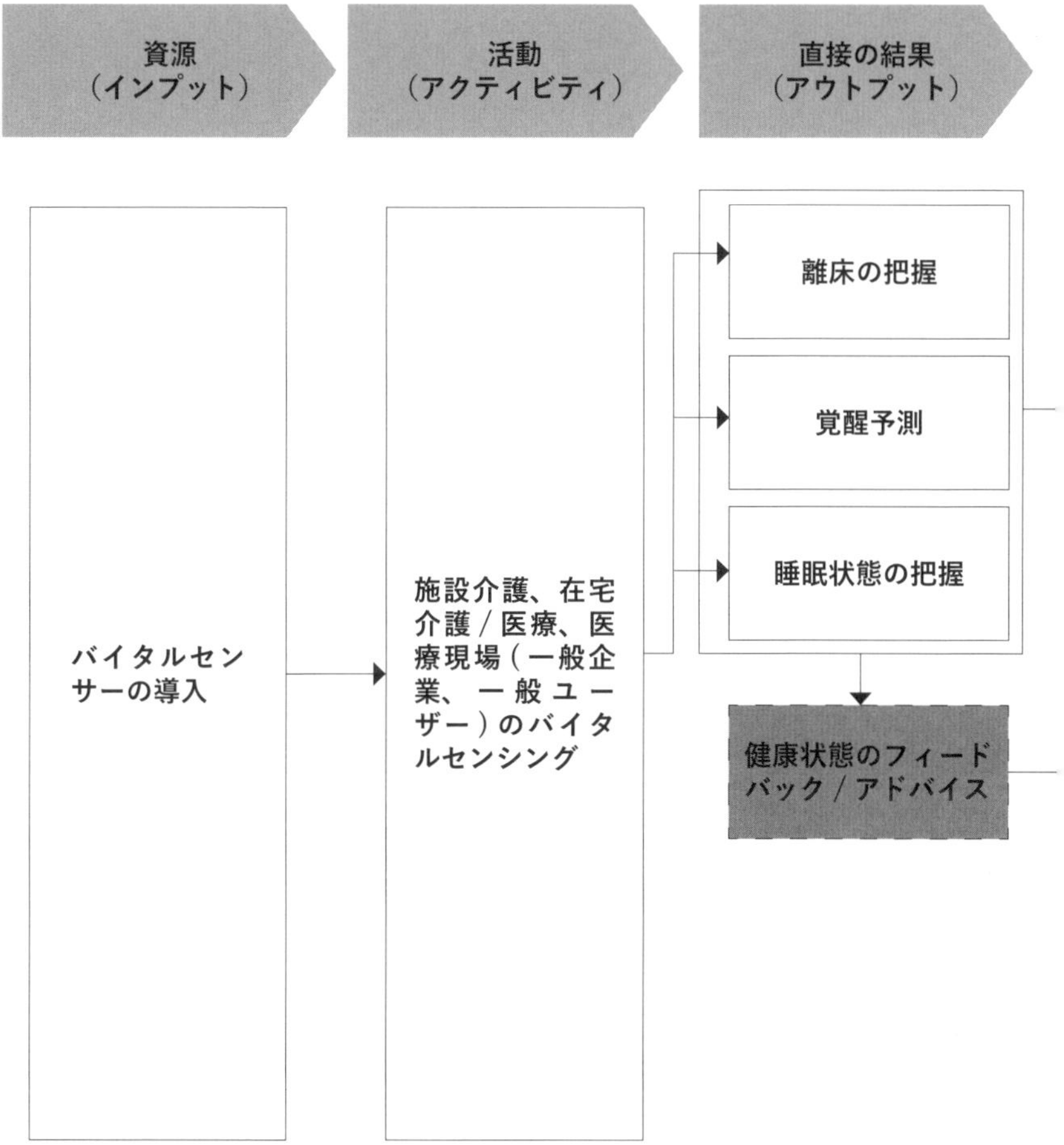

「最近、ちょっと呼吸の調子が悪い」などの健康状態を逐一把握でき、病気の予防につながります。それにより健康寿命を長くすることが可能になります。このメリットは、最終的には国全体の社会保障費（医療費・介護費）の削減にもつながります。

　このようにインパクト投資に関しては、どのような効果があるのかを明確にして、最終的にインパクトの波及効果の金額を算出することでインパクト評価が可能となります。

ROIとSROI

　社会的課題を解決するためにはインパクト投資が重要なこと、そしてインパクト投資を増やすためには定量的な評価を行うインパクト評価が求められることを紹介してきました。

ただし、インパクト評価を行う際にアウトカムの定量化だけを行い、費用がどれだけ投入されているか、インプットの費用を算出しないケースも見られます。これでは投資をする側にとって、投入した資金がどれだけのリターンを生んでいるのか客観的な判断を行うことができず、不十分と言わざるを得ません。

　それでは、ＥＳＧ投資をする側とＥＳＧ投資を受ける側、双方にとって共通言語となる指標はないのでしょうか？　その課題への回答となる指標として注目されているのが「ＳＲＯＩ（Social Return on Investment ／社会的投資収益率）」です。

短期・中期・長期を問わず、ある事業や活動の結果として生じた社会的・環境的な変化や効果（アウトカム）を社会的インパクトと言います。その社会的インパクトを定量的に評価する手法がＳＲＯＩになります。

このＳＲＯＩを使うことで企業活動の社会的成果（ソーシャルリターン）が定量化・数値化され、その可視化が可能になります。

経営や株式の指標としてよく「ＲＯＩ」が用いられます。Return on Investment の略で「投資利益率」と訳され、左記がその計算式です。

ＲＯＩ＝利益÷投資額

どれだけのお金を投入したら、どれだけ儲かるか、投資に対するリターン（利益）を表します。ビジネスではよく使われる指標で、株式投資を検討する際には必須と言えるでしょう。

ビジネスでは、いくらお金を入れて、いくら儲かったかが重要になります。その一方で現在では、ビジネス（事業）そのものへの評価だけでなく、その事業が社会にどれだけよい影響を及ぼしたかという評価も重要になってきました。

そこで新たに生み出された考え方が、ROIに「S（Social）」をプラスした「SROI（Social Return on Investment）」です。一般的に「社会的投資収益率」と訳されます。

そのビジネスやプロジェクトは社会に対するインパクトがどれだけあったのか、そしてそのためにはインプットがどれだけ必要とされたのかが、ROIと同様の数式で計算されます。

SROI＝プロジェクトの社会的成果÷プロジェクトに投入された総額

例えば、ある新しいプロジェクトにより失業者が減ったとします。このこと自体は社会的に意義のある活動と考えられます。

その時、社会的にどれだけ意味があったのかをお金の価値に換算することで評価しようという考え方がＳＲＯＩになります。「貨幣価値に換算することで定量的に評価しましょう」ということです。

失業者を減らすことが目的のプロジェクトであれば、プロジェクトの成果を金額に換算した額（失業者が就職して得た収入の総額等）を、プロジェクトを実行するために投入された金額で割り算することで、ＳＲＯＩ値が導き出されます。

そして、ＳＲＯＩ値が１・０を上回れば、そのプロジェクトは費用に見合う効果を生み出したと判断されるわけです。

最近は日本でも、投資ファンドなどが資金を出す時に、ただ儲かるのではなく、社会的意義もしっかり検討しようという傾向が強くなっています。単なる金儲けではなく、社会的貢献につながり、しかも成長している企業が投資先としては望ましいと考えられるようになっているのです。

お金を出す側にとって重要な指標になりつつあるということは、お金を受け取る側にとっても重要であることを意味します。そのため、いわゆる機関投資家からお金を集める側にとって、ＳＲＯＩは大事な指標になりつつあります。

社会的に意義のあることにより多くの金額が投資されることによって社会はよくなって

いきます。環境問題を含めて、なんらかの社会的貢献が増えると、社会課題の解決につながる好循環が生まれます。

投資する側と投資される側、双方の社会をよくしようという考え方に基づくＳＲＯＩは、ＳＤＧｓ推進、ＥＳＧ投資推進の後押しになるのです。

なお、ＳＲＯＩ値を算出する際には、その事業やプロジェクトに関与するステークホルダーを確定し、各ステークホルダーについてインプット、アウトプット、アウトカムをあらかじめ定義し、それぞれを定量評価することが求められます。

そして、効果の算出ではアウトカムの社会的価値も計算されます。つまり、プロジェクトの活動やサービス提供などによるアウトプットと、ステークホルダーに生じた変化であるアウトカムは区別されるのです。

算出では直接的な費用に加えて、ボランティアや無形資産の投入などもコストとして定量化されます。また、経済的リターンだけでなく、社会的な価値も貨幣価値に換算した上で評価される点にＳＲＯＩの特徴があります。

ＳＲＯＩ事例①　松本山雅スポーツクラブの巡回サッカー教室

日本でもＳＲＯＩが徐々に普及してきています。実際に日本においてＳＲＯＩがどのように利用されているか、サッカーを対象にした事例を紹介します。

社会や組織のさまざまな問題や課題を解決するために株式会社フューチャーセッションズ（本社・東京都）は、多様な人々との創造的な対話の場「Future Session」を提供しています。そのフューチャーセッションズが「スポーツの社会的価値を可視化する初の実証実験　ＮＰＯ法人松本山雅スポーツクラブが実施する巡回サッカー教室のＳＲＯＩ値（社会的投資収益率）を算出」と題するニュースリリースを配信しました（２０２１年３月17日）。

「株式会社フューチャーセッションズが主宰する『Sports Social Impact Lab』（スポーツソーシャルインパクトラボ）は、Ｊリーグ・松本山雅ＦＣの普及事業を展開している、特定非営利活動法人松本山雅スポーツクラブの協力のもと、スポーツの価値を活用した社会貢献活動がもたらすポジティブな影響を可視化する、日本で初めての実証実験を実施しました」

冒頭ではそのように書かれ、ＳＲＯＩ算出のモデルケースが以下のように説明されています。

松本山雅ＦＣのホームタウン活動の一つである、競技団体、各保育園、幼稚園等からの委託を受けて実施する巡回サッカー教室をモデルケースに特定。松本山雅ＦＣは、ホームタウンである長野県松本市、塩尻市、山形村、安曇野市、大町市、池田町、生坂村、箕輪町、朝日村で、年間６４９回（２０１９年度）のホームタウン活動を実施しており、その中でサッカーを通じて地域の子どもたちにスポーツの楽しさを伝える普及活動である巡回サッカー教室は、年間１２９回（２０１９年度）実施。

本件について、ステークホルダーを①プロスポーツクラブ（松本山雅ＦＣ、巡回スタッフ）、②民間企業（地域メディア）、③保育園（保育園教諭、保育園児、保護者）、④その他（競技団体、松本山雅ＦＣのホームタウン9市町村）と特定し、ステークホルダーのインタビュー調査を実施しました。

巡回サッカー教室におけるＳＲＯＩの算出は、インプット（ステークホルダーの資本投資、労働時間など）、アウトプット（ステークホルダーにもたらされたインパクトの合計）によって算出されます。

本事業に投資されたインプットに対し、事業が生み出した社会的価値を貨幣価値に換算すると、7・2倍になることが確認されました。

「実証実験の結果について」もまとめられています。

「国外では、UEFAヨーロッパリーグでスポーツにおけるSROIに関する先行的な取り組みがあるものの、まだ多くの事例は見受けられておりません。日本国内においては、プロスポーツが関わる社会貢献活動の効果実証研究においては、本研究が初めての実証ケースとなります。

地域貢献活動によって生まれた社会的インパクトを可視化することは、活動成果を共通認識とすることを可能にし、ステークホルダーによる積極的、継続的な社会貢献活動の後押しとなるなど、ステークホルダーエンゲージメント強化にも非常に有効であると考えられます」

このようにスポーツは社会的価値をもたらすと考えられます。そして、注目すべきはＳＲＯＩが７・２倍になったことが公開されている点です。

また、巡回サッカー教室への参加のアウトカムとして、①運動意欲の改善、②指導力の向上、③新規会員の獲得、④普及活動、⑤記事として取り上げられることによる収入増、⑥スポーツ機会の提供のための労働削減、⑦子供の成長を実感→松本山雅ＦＣへの愛着醸成、⑧教室経営能力の向上→労働意欲の向上→労働の負荷軽減も明示されています。

アウトカムの明示は、この取り組み自体のアカウンタビリティ（説明責任）の向上に資するだけでなく、ほかのサッカークラブやほかのスポーツ団体も参考にできるという意味で非常に有益な取り組みと考えられます。

そして、実施にあたっては各種の専門家を招き入れ、多くのステークホルダーへのヒアリングを行うことでインパクトの質の向上とともに、納得感の醸成や出た結果に対する信頼性を高めることに成功しています。

このような取り組みが広がっていくことは、ＳＲＯＩという指標の認知や拡大にも間違いなく貢献するでしょう。

ＳＲＯＩ事例②　マイクロソフトの「東北ＵＰプロジェクト」

少し前のＳＲＯＩ事例ですが、日本マイクロソフトは２０１１年３月に発生した東日本大震災の被災地の東北三県（岩手・宮城・福島）の被災者を対象に、ＩＣＴ（情報通信技術）スキル講習を通して就労支援を行う「東北ＵＰプロジェクト」を行いました。このプロジェクトは２０１２年１月にスタートし、13年３月に地元ＮＰＯに運営を委ねる形で終了しています。

その成果報告が13年３月にまとめられているので以下に紹介します。

（略）東北ＵＰプロジェクトでは今回、投資効果や成果を貨幣価値に換算する第三者による評価（ＳＲＯＩ）を実施。東北ＵＰプログラムの運営事務局を務めるＮＰＯ「『育て上げ』ネット」理事長の工藤啓氏は、「今回のプロジェクトでは、ＮＰＯ自身が事業化しないと継続していけないので、マイクロソフトはあまり表に出ないで、できるだけ現地の方に運営を委ねる形で行った」と現地に根付く活動としていくことを強調。

（略）工藤氏はまた数値化について、「前政権時に、評価がしづらいものがたくさん切られたときに、論理的に必要性を担保するような評価の仕方をＮＰＯだからこそ持っていかなくてはいけないと考えた。寄付者に対して、感情的に訴えることはできるが、数字的なものを言うことができないので、企業などからの資金提供につながりにくい問題もある」としてＮＰＯ活動を数値化する必要を語った。

調査結果については、評価を請け負ったビズデザイン社のサイトで公開されている。貨幣価値に換算すると、７５５５万５０００円相当との評価となった。

成果報告では「講師養成講座を３回実施し、17名の講師を養成。就労支援講座は３００回開催して、のべ８５１名が修了、求職者の就労率は45％だった。当初目標としていたのは修了者５００名、求職者の就労率30％で目標を上回った形」と紹介されています。

このように確実に意義のあるアウトプットを出しています。しかも、それだけにとどまらず、ＳＲＯＩの評価を第三者に依頼することで貨幣価値に換算して７５５０万円余りの価値があることを算出しています。

これはＮＰＯの活動を感覚や情だけではなく、論理や数値、お金という形で語ることで企業からの支援を得やすくしていくべきという課題意識をもとに行われたことを意味します。マイクロソフト一社ではその支援は限られるため、継続的に維持・拡大していくにはＮＰＯが主体となって、まわりを巻き込んでいく必要があります。このＳＲＯＩ値算出例はそのためのコミュニケーションツールとして新たな武器を得たと言えるでしょう。

社会的インパクトとＳＲＯＩの４つの意義

紹介した事例のように社会的インパクト評価は、世の中にどれだけの価値をもたらしたかを定量的に評価します。そして、社会的価値を生み出す事業にはＥＳＧ投資などによって、より多くのお金が集まり、より大きな経済的リターンを生むという好循環につながる可能性があります。そして、ＳＲＯＩはそのサイクルを生み出す一つの手段になりうるのです。

また、社会的インパクトとＳＲＯＩには４つの意義があげられます。

１つ目の意義は、定量的に貨幣価値換算できるということ、そのものに意義があります。

このことにより企業は社会貢献活動に安心感をもって臨むことができ、リソースを投入しやすくなります。

２つ目にそれを使って、複数の活動を比較できること。環境課題や社会課題の解決に向けた活動を複数行っている場合、ＳＲＯＩの数値が一定以上のもののみ継続するというように、ある種の基準を設けることができます。

３つ目は、それによりＰＤＣＡ（Plan／計画→Do／実行→Check／評価→Action／改善のサイクル）を回せること。社会貢献活動は１日では終わりません。基本的に数か月から数年単位で進行していきます。その間に何度もＳＲＯＩ値を算出することで、ＳＲＯＩ値を改善していくことが可能です。

そして４つ目の意義は、それを使って外部のステークホルダーと金銭面でのコミュニケーションを図れることです。ＳＲＯＩの数値を根拠として、企業側はさらなる資金援助、ステークホルダー側はコストカットを依頼することができます。ＳＲＯＩという指標があることで、お互いが納得感をもって合意することができるはずです。

ＳＲＯＩの活用で時価総額を上げる

現在の株式市場は、その企業が行っている事業の価値だけでなく暗にその社会的価値も評価している、投資家はその会社の社会的価値を暗に見据えて株価を付けているとも考えられます。

そのため、投資対象として企業価値をより正確に測るには、これまでのような算出方法で導き出される将来の稼ぎ、事業として儲かる部分（事業価値）だけを見ていたのでは不十分だと思われます。投資対象を正しく検討するには今まで考慮に入れられなかった社会的価値をプラスする必要があるのです。

したがって、企業としてはＳＲＯＩを活用して自分たちの事業にどれだけ社会的価値があるのかを広く知らしめることは、投資家だけでなく、社会全体にアピールすることにつながります。そして、それが時価総額を上げることにもつながるのです。

社会貢献が大事だとしても何を判断材料とすればいいのかわからない、迷っているオーナー企業の経営者がまだまだ多いと思われます。そうした経営者にとってＥＳＧ投資、インパクト評価、ＳＲＯＩは短期・中長期での意志決定において新たな視点をもたらすことでしょう。

第4章

日本版オーナー企業の時価総額経営とESG経営の重要性

時価総額とは

本書で一貫して述べているように筆者は会社経営において、時価総額を意識することが重要だと感じています。

なぜ時価総額が大事なのか。時価総額とは株主価値とも呼ばれるもので、企業の価値を貨幣価値で表したものです。すなわち、その金額があれば企業全体を買収できる金額です。そして、時価総額とは市場が評価した価値であり、その額はある意味、経営者の成績表であり、時価総額を高めることは自社を買収されにくくさせるための一番の方策でもあるからです。

時価総額は、一般的に株価に株数を掛けることで算出されるとされていますが、実態は逆で、時価総額を株数で分割したものが株価であると理解すべきと思っています。

ただ、実務上は株価というものの増減を見たほうがわかりやすく、売買する際も株価×株数のほうが金額の計算がしやすいので、よく使われていると考えています。

時価総額の決定方法

だとすると、時価総額はどのように決定されるのでしょうか？

時価総額の算出方法は、大きくマルチプル法とＤＣＦに分かれます。より根源的なものは、ＤＣＦで、簡便な方法がマルチプル法だと覚えておいてください。

ＤＣＦは「ディスカウント・キャッシュフロー」の略で、将来のキャッシュフロー（現金収支）をなんらかの形で割り引いたものという意味です。実際には、ＦＣＦ（フリー・キャッシュフロー）という将来の現金収支をＷＡＣＣ（Weighted Average cost of Capital、加重平均資本コスト）という割引率によって割り引くことで算出されます。

ＦＣＦという聞き慣れない言葉が出てきましたが、これは資金政策の影響を受けないＣＦ（キャッシュフロー）という意味で、単純に考えると営業ＣＦ＋投資ＣＦになると覚えておいてください。

営業ＣＦとは、ビジネスを遂行することにより生み出されるＣＦです。投資ＣＦは、複数年間にわたって活用する設備やソフトウェアなどに対する投資と考えてください。

それでは割り引くとはどういうことか、考えてみましょう。ここでは金利とリスクが関連しています。

「①今1万円をもらうか、②1年後に1万円をもらうか、どちらがいいか？」

そう問われたら、どう答えますか？

感覚的には①と答える方が多いと思いますが、そう答える理由は何か、そしてどれだけ得なのかについてはわからない方も多いかもしれません。

答えは、①今もらえば、銀行に預ければ利子が付く。これが「金利」です。もう一つの②は1年の間にお金をあげるという気が変わるかもしれませんね。そうしたものが「リスク」です。

金利が付くことと実現されることへのリスクが低い分、①の現在のお金の価値は、②の将来の同じ金額のお金の価値より大きいということが理解できると思います。

今のお金（＝現在価値）×（1＋金利＋リスク）＝1年後のお金

となり、

現在価値＝（1年後のお金）÷（1＋金利＋リスク）

になります。

そして、これをN年間続けると、

現在価値＝1年後のお金 ÷（1＋金利＋リスク）＋ 2年後のお金 ÷（1＋金利＋リスク）^2・・・・＋n年後のお金÷（1＋金利＋リスク）^n

となります。

さらに、これが無限大年まで続くとすると（数学でいうところの無限等比級数）、

n年目の価値÷（1＋金利＋リスク）

となります。そして、ここで出てきた（金利＋リスク）のことを割引率（ＷＡＣＣ）と言います。

Ｎ年後のお金を、会社のＮ年後のＦＣＦとすると、同じような計算で将来ＦＣＦの現在価値を計算できることになり、それが時価総額なのです。

例えば、Ｎ年後以降は成長しない場合は、

企業の現在価値＝ΣFCFn÷（1+r）^n+FCFn÷r（rは割引率＝ＷＡＣＣ）

一方、Ｎ年後以降がｇ％成長したとすると、

企業の現在価値＝ΣFCFn÷（1+r）^n+FCFn÷（r - g）

となります。

後半は数学的な話になってしまいましたが、「今のお金は将来のお金より価値がある＝将来のお金の価値の今の価値は、割り引いて考えなければいけない」ということが肝です。なので、その点を理解していただければありがたいです。

株主はその会社の現在価値を部分所有している

それでは、株主とはどんな存在なのでしょう。株主は株を所有することで、その企業の現在価値を部分所有していることになります。

先ほどの計算からわかるように、株主からすると、将来ＦＣＦは大きいほうが望ましいですし、リスクは小さいほうが望ましくなります。

ただし、そうなるために企業が何を行うべきなのかを株主が直接指示するのでは、手間がかかりすぎます。そのため、株主の代理として企業の運営を管理・監督する役割として設置されたのが取締役なのです。

また、株主をほかの観点から見ると、予測されるＦＣＦとリスクを有する債権の一部を購入している債権者とも言えます。

したがって、ＦＣＦを増やすこととリスクを下げることを望み、基本は取締役を通じて、それでもうまくいかない場合は取締役の変更や具体的な施策の実施を求めたりすることもあります。こうした行動を積極的に行うのが、いわゆるモノ言う株主です。

非上場の企業の場合、上場することは新たなプレッシャーを株主から受けることになります。そのため自由には運営できなくなりますが、大量の資金を調達できることや対外的な信用が増すといった点がメリットになります。

マルチプル法とEBITDA倍率

筆者はＭ＆Ａの業務にも携わっていますが、Ｍ＆Ａの実務面ではＦＣＦの将来予測が難しかったり、ｒ（ＷＡＣＣ）の割引率が上場企業でないと算出が難しかったりするという理由から、特に非上場企業では時価総額の算出の際に別のアプローチを用いることがあります。それがマルチプル法です。

一般的にマルチプル法では多くの場合、EBITDA倍率が用いられます。同業種の上場企業であれば時価総額がわかるので、それらの企業の企業価値がEBITDAの何倍かという平均＝マルチプル（倍率）を求めて、対象会社のEBITDAに掛けると企業価値が出ます。

ここでEBITDAという聞き慣れない言葉が出てきましたが、EBITDAは「Earnings Before Interest, Taxes, Depreciation and Amortization」の略で、日本語に直訳すると「利息、税金、減価償却前の利益」を意味します。
EBITDAは企業の営業的な収益力を評価するための一つの指標で、投資家や分析者によって広く使われています。営業利益に減価償却費を足し戻した利益で、前述した営業ＣＦに近いものです。

これを用いる理由は、減価償却費はキャッシュの出入りを伴わない損益勘定のため、実際のキャッシュの出入りに近づけるため、営業利益ではなく営業利益に減価償却費を足し戻したEBITDAを用いるのです。

企業価値＝株主価値＋有利子負債

なので、EBITDAにマルチプルを掛けて有利子負債を引けば株主価値がわかります。
EBITDAを用いるさらなる理由は、設備投資をゼロ、すなわち投資ＣＦがゼロとした時のＦＣＦ、すなわち営業ＣＦとほぼ同じになることと、わかりやすさやデータの入手のしやすさから多く使用されています。

加えて、この方法は計算式も四則演算しかなく、簡単なので理解しやすいという面からも現場で用いられるのだと思います。

また、投資ファンドへの中小企業の事業承継などの場合は、投資ファンド側がマルチプル法の利用を求めることもあります。マルチプル法が先にあり、それと対象企業側のオーナーの欲しい金額とがマッチしているか、この会社に任せて大丈夫という期待感を持てるかという部分も重要とされます。問題がなければ独占交渉権を与えて、その後、徹底的に調査をするＤＤ（デューデリジェンス）を行うといった流れも一般的になっています。

筆者が考える時価総額とは

ＤＤ（デューデリジェンス）に関して、筆者が所属するキューブファンドカンパニーでも多数の実績があります。特にＤＤにおいては買い手側のアドバイザーになることが多く、その場合、企業価値、時価総額の算出は一番気をつかう部分となります。

そこで、キューブアンドカンパニーが考える企業価値、時価総額の算出方法を紹介していきます。

キューブアンドカンパニーが考える時価総額理論は、これまで述べてきた時価総額の試算法と概念的には類似していますが、より多面的に考えられています。そのため算出は難しいのですが、将来の時価総額の実態を推計するのには適していると考えています。

まず、時価総額を現在の収益力による価値と将来価値の２つに分けます。

現在の収益力による価値は、現在のＦＣＦをＷＡＣＣで割ったものです。時価総額と現在の収益力による価値の差が、将来価値になります。

そして将来価値には、大きく３つの要素が関係していると考えます。

１：将来の事業計画とその確からしさ
２：ＥＳＧの取り組み・実現度
３：株式流動性

1については、事業価値のベースとなるため第一に重要です。上場企業であれば通常は中期経営計画を作成しているでしょうが、それに類するものであれば対象となります。非上場企業であっても、数十億円の売上を超える企業であれば、事業の見込み数値は対銀行や内部的な目標管理のためにもつくっていると思われます。

ただし、将来価値に資するためには実現性が伴っていることが重要です。そのため、人口減少時代において売上が上昇し、利益率が改善しているのであれば、その根拠を示す必要があります。

それには顧客・市場、競合などの外部分析、また自社の内部分析をきちんと行った上で、対象会社が置かれている環境をまず認識することが重要です。さらに、5つの競争要因からビジネスの状況を把握する5Forces分析や自社の事業状況を4つの項目で整理・分析するSWOT分析などを行って理解を深めます。そして、目標とする数値目標を達成するために自社の人、モノ、カネ、情報といった資源をどこにどのように投入すればよいかを明確にし、その優先度や因果関係を踏まえて、実行計画に落とし込む必要があります。

また、単に実行計画といったアクションプランをつくるだけではなく数値に落とし込んで財務諸表をできれば3表つくる必要がありますし、社内に浸透させることが重要です。

そこまで落とし込んで、真の意味で事業計画をつくっていることになるのです。

２のＥＳＧは第３章で述べたように近年重要度が増してきている概念です。企業がEcology、Social、Governanceを適切に行っているかが測られます。

Ecologyについては、事業の中で発生する環境負荷に対して、３Ｒ（Reduce, Reuse, Recycle）などを通じてどのように負荷を減らしていくか。例えば、脱炭素という意味ではカーボンニュートラルに向かって事業がどのように行われているかが重要になります。

Socialは、社会にどのような価値を提供するかという観点が重視されています。また、Governanceは企業統治のあり方が適切であるかという点を重視します。

これらの３つの観点が優れた企業はＥＳＧのスコアが高くなるため、特にＥＳＧを重視する機関投資家からの投資が増えています。

機関投資家の中でも年金基金などがＥＳＧを重視するのは、長期にパフォーマンスを出していくためには、企業活動が地球環境に与えるインパクトが大きくなった昨今では、環境への配慮がなされていない企業は長期的に淘汰されていくと考えているからです。

もちろん、消費者が環境負荷の低い商品を志向するようになってきていることもＥＳＧ

の追い風になっています。

3は株式の流動性が高ければ、そのぶん換金性が高まるために価値が上がることに由来しています。

具体的には、株式分割や大株主の株の市場への放出がその対策にあたります。株式分割は1株当たりの単価が下がるため買いやすくなることで、対象となる株主が増え、需要が増えて値上がりにつながっていきます。

大株主の株の市場への放出は、単純に流通量が増えることになります。ただしその場合は、市場の需要に比べて大きく放出すれば値下がりにつながるリスクもあります。ここからはますます重要度が増しているESGへの取り組みを重点的に解説したいと思います。

ESG経営は生半可な覚悟では成功しない

ESG経営は、世間的に聞こえはいいし、取り組んだほうがいいことは明らかですし、それに着手することは簡単です。ただし、実際に成功するには、経営者として生半可な覚悟では成功できないという現実もあります。

なぜなら、Ecologyはそれ単独ではコストがかかるものであるし、Socialは取り組んでいない企業にとってコストにもなりうるし、そもそも馴染みのないものでもあるからです。さらにGovernanceにいたっては、オーナー企業においてオーナーが自分の思うとおりに経営してきたとしたら、牽制機能としての社外取締役といったものは邪魔としか思えない存在となります。

業績へも短期的には悪影響があるかもしれないし、自分にとっても居心地の悪さを感じるかもしれません。そのため、オーナー経営者自身には相当の覚悟が必要となります。また、EcologyやSocialの部分では、現場の業績や作業効率などへのマイナスのインパクトもあるため、現場から反発が出る可能性もあります。そうした反発への対応にも負けていては計画が進まないので、経営者には強い覚悟が必要になるのです。

しかし、強い覚悟を持ってＥＳＧ経営を軌道に乗せることができたあかつきには、その企業の経営はより盤石なものになるはずです。

ここで盤石という表現を使ったことには理由があります。それは、ＥＳＧ経営を行う効果は売上が2倍、3倍になるといったことではなく、経営の安定性が増加することにあるからです。

例えば、環境に配慮した活動を行ったことで企業イメージの向上につながったり、社会に配慮した活動を行うことで優秀な人材を確保できたり、ガバナンスを整備することで、オーナーの経営方針が間違った方向に進むことを抑制できたりします。

このようにＥＳＧは経営を行っていく上での土台となる部分を補強してくれるのです。そうすることで、巡り巡ってオーナーに大きな利益が返ってくると考えられます。

ＥＳＧ経営に正解はない

ＥＳＧ経営とは、高いレベルでＥＳＧを達成することであり、各社それぞれに最適な取り組み方があり、教科書的な正解があるものではありません。このあたりがＩＳＯ規格などとは異なり、資格好きな日本企業にとっては難しく感じられる原因かもしれません。

Ecologyでいえば、自社で排出する環境汚染物質を減らすことが貢献になる企業もあれば、使用する電力を再生可能エネルギーに変更する企業、再生可能エネルギーのＪクレジットの販売を積極的に行う企業もあります。

Socialでは、ＳＤＧｓの一部に取り組むということがわかりやすいと思います。その中にはトイレの水資源といった環境に近いものもあれば、ダイバーシティといったものもあるなど幅広いため、自社に合った取り組みを選んでいくことが重要です。

また、Social の取り組みに関しては、ただ取り組むのではなく、その価値や貢献度を第三者に向けてわかりやすい形でアピールしていくことが必要です。社会的インパクトなどの形でその活動を定量化、貨幣価値換算化することや、第3章で解説したＳＲＯＩという形で投資対効果として可視化することは、第三者に向けてのアピールだけなく、従業員が誇りを持つという点でも非常にメリットのある影響をもたらします。

特にZ世代は、自分の働く企業のパーパス（企業の社会的な存在価値や社会的意義）を大事にして企業を選択しますし、消費者も企業の世界観というものを重視する賢い消費者として台頭してきているため、その対応としても重要になってきています。

ＥＳＧ経営は「戦略」から始まる

ＥＳＧ経営とは、達成したい To Be 像を誰しも思い描くことができるものであります。一方でこれまで述べてきたとおり、その実現が難しいものでもあります。

そこで、実現のための戦略がきわめて重要になります。どこから着手し、何に重点を置き、どこに資源を投入していくかを定め、最初の成果を上げ、全社のモチベーションを高めて、ＥＳＧ経営を実現していく潮流をつくり、一気呵成に実現していく……。そうした形で実現していくことが成功の秘訣です。

そのためには綿密に練られ、各会社に最適化されたＥＳＧの実現戦略が決定的に重要かつ、着手前に必要となるのです。それがないまま闇雲に始めても効果は出ず、結局はしりすぼみになってしまう会社が多くあります。

社会課題の解決に貢献する（社会における企業の使命）

社会課題の解決に貢献するという言葉自体が近年、企業経営の文脈でもよく語られるようになってきました。企業のビジョンやミッションの中にそうしたキーワードを取り入れる会社も増えてきているように思われます。

では、実際に企業が社会課題の解決に貢献するとは、どういうことなのでしょうか。古くはメセナ活動という形で文化活動を支援したり、ＣＳＲ活動という名のもとに企業の社会的責任を果たすといったことが語られていました。

ただ、これらはどちらかと言うと、企業活動が社会に負の影響を与えているのでそれを緩和するという文脈で語られているものでした。

現在言われる、社会課題の解決に貢献するということは、もっと積極的に企業の根幹となる活動を通じてその社会課題に取り組むことを意図しています。

例えば、テスラであれば電気自動車を通じて排気ガスを出さないクリーンなＥＶ（電気自動車）を販売することで、地球温暖化という社会課題を解決しようとしているのです。

解決すべき社会課題（ＳＤＧｓ）とは

社会課題の解決に貢献するという意味ではＳＤＧｓへの取り組みも欠かすことはできま

せん。

持続可能な開発目標（ＳＤＧｓ Sustainable Development Goals）とは、２００１年に策定されたミレニアム開発目標（ＭＤＧｓ Millennium Development Goals）の後継として、２０１５年９月の国連サミットで加盟国の全会一致で採択された「持続可能な開発のための２０３０アジェンダ」に記載された、２０３０年までに持続可能でよりよい世界を目指すための国際目標です。

17のゴールと１６９のターゲットから構成され、地球上の「誰一人取り残さない（leave no one behind)」ことを誓っています。そして、ＳＤＧｓの一番の特徴としてあげられるのは、２０３０年の社会のあり方に対して数値目標を提示したことです。抽象的な概念ではなく、具体的な数字を用いて17の社会課題を解決するための目標に落とし込んだのです。

ＳＤＧｓは発展途上国のみならず、先進国自身が取り組むユニバーサル（普遍的）なものであり、日本としても積極的に取り組んでいます。具体的には、以下の17の目標があります。

①貧困をなくそう

②飢餓をゼロに

③すべての人に健康と福祉を

④質の高い教育をみんなに

⑤ジェンダー平等を実現しよう

⑥安全な水とトイレを世界中に

⑦エネルギーをみんなに　そしてクリーンに

⑧働きがいも経済成長も

⑨産業と技術革新の基盤をつくろう

⑩人や国の不平等をなくそう

⑪住み続けられるまちづくりを

⑫つくる責任　つかう責任

⑬気候変動に具体的な対策を

⑭海の豊かさを守ろう

⑮陸の豊かさも守ろう

⑯平和と公正をすべての人に

⑰パートナーシップで目標を達成しよう

さらに、具体的には169のターゲットが設定されています。各ターゲットの一部を踏まえて、日本のオーナー企業にとってどのような事業チャンスがあるかを述べていきたいと思います（出典：ユニセフのホームページ／「SDGsとターゲット新訳」制作委員会）。

1－4　2030年までに、貧しい人たちや特に弱い立場にいる人たちをはじめとしたすべての人が、平等に、生活に欠かせない基礎的サービスを使えて、土地や財産の所有や利用ができて、新しい技術や金融サービスなどを使えるようにする。

1－5　2030年までに、貧しい人たちや特に弱い立場の人たちが、自然災害や経済ショックなどの被害にあうことをなるべく減らし、被害にあっても生活をたて直せるような力をつける。

貧困は、日本においては関係ないと考えがちですが、日本にも存在します。2021年には相対的貧困率は15・４％に達しており、日本人口の6人に１人、約２０００万人が貧困ライン以下での生活を余儀なくされているのです（日経電子版２０２３年11月19日配信）。その人たちに向けた廉価なサービスを提供するということは、２０００万人の大きな市場をターゲットとすることになります。

具体的には、金融サービスや衣食住など生活に必要になってくるものがメインのサービスラインになってくると思います。また、自然災害が多い日本では、自然災害をきっかけとした貧困も生まれやすいため、そのためのサービス、例えば臨時の住居や食事などの提供などを自然災害前から準備し、いざとなったら提供するといったことを、自治体などと連携しながら備えていくといったことも日本において特徴的にできるサービスだと思います。

２－４　２０３０年までに、持続可能な食料生産システムを確立し、レジリエントな農業を実践する。そのような農業は、生産性の向上や生産量の増大、生態系の維持につながり、気候変動や異常気象、干ばつ、洪水やその他の災害への適応能力を向上させ、着実に土地と土壌の質を改善する。

2－5　2020年までに、国、地域、国際レベルで適正に管理・多様化された種子・植物バンクなどを通じて、種子、栽培植物、家畜やその近縁野生種の遺伝的多様性を維持し、国際的合意にもとづき、遺伝資源やそれに関連する伝統的な知識の利用と、利用から生じる利益の公正・公平な配分を促進する。

②で掲げられている「飢餓をゼロに」については、栄養が行き届いており、過食が叫ばれる日本では特に考えづらいものだと思います。しかしながら、このターゲットに含まれる「持続可能な食料生産システムを確立し、レジリエントな農業」といったものは、今後の日本の農業にとっても積極的に取り組むべき課題であり、既存の農業法人だけでなく、他の業界で技術を有する企業がその技術力を生かして、生産性の向上を高めるといったことはどんどん狙っていくべきだと考えます。

例えば、不動産ディベロッパーである三菱地所は、農業ベンチャー企業である株式会社オーガニックソイルとともに設立した「株式会社メックアグリ」（以下、「メックアグリ社」）に出資し、メックアグリ社において太陽光利用型環境制御ハウスを使い、高糖度ミニトマトの通年栽培を行ったりしています。また、「適正に管理・多様化された種子・植物バンクなどを通じて、種子、栽培植物、家畜やその近縁野生種の遺伝的多様性を維持」するためには、里山などの環境保護も必要ですし、その環境を維持するための6次産業化を含む農業の高度化、高付加価値を促進するといった面も大きなビジネスチャンスになると思います。

３－６　２０２０年までに、世界の道路交通事故による死傷者の数を半分に減らす。
３－８　すべての人々が、経済的リスクに対する保護、質が高く不可欠な保健サービスや、安全・効果的で質が高く安価な必須医薬品やワクチンを利用できるようになることを含む、ユニバーサル・ヘルス・カバレッジ（ＵＨＣ）を達成する。
３－９　２０３０年までに、有害化学物質や大気・水質・土壌の汚染による死亡や疾病の数を大幅に減らす。
３－ａ　すべての国々で適切に、たばこの規制に関する世界保健機関枠組条約の実施を強化する。

「③すべての人に健康と福祉を」に関しても、いくつかの領域で日本のオーナー企業にチャンスがあります。3－6の「世界の道路交通事故による死傷者の数を半分に減らす」に関しては、ＡＤＡＳをはじめとする運転安全装置や、自動運転などがその対策になり大手の自動車メーカーが必死になって取り組んでいますが、末端のセンサーや部品などに関しては、Tier2、Tier3といった下請け企業の技術が重要となってくるのでこの領域において多くの事業機会があり得ます。

3－8の「経済的リスクに対する保護、質が高く不可欠な保健サービスや、安全・効果的で質が高く安価な必須医薬品やワクチンを利用できるようになること」に関しては、日本には国民皆保険制度が普及しているのである意味達成されているとも言えるかもしれません。ただ、実際には、個別の製薬会社・医療機器メーカーの普段のコストダウンの取り組みがなければ、高品質・低単価は実現できません。その一翼を担うために、製薬・医療機器メーカーと現在取引のある企業だけでなく、今取引のない企業も自社が持つ強みとなる技術や業務プロセスを梃に取引を始めることができますし、今後も高齢化が進み医療ニーズが高まる日本において、成功した場合に得られる果実は大きいはずです。

４−１　２０３０年までに、すべての少女と少年が、適切で効果的な学習成果をもたらす、無償かつ公正で質の高い初等教育・中等教育を修了できるようにする。

４−３　２０３０年までに、すべての女性と男性が、手頃な価格で質の高い技術教育や職業教育、そして大学を含む高等教育を平等に受けられるようにする。

４−４　２０３０年までに、就職や働きがいのある人間らしい仕事、起業に必要な、技術的・職業的スキルなどの技能をもつ若者と成人の数を大幅に増やす。

教育については、日本では初等教育から高校までは、その質と費用面でのサポートも含めて十分なインフラとしては整っていると思います。しかし、学習効果の面では、ＡＩなどを活用した個人の習熟度に応じたカスタマイズされた教育などに関して、大きな事業ポテンシャルがあると思います。また、職業教育・高等教育についても全入時代と呼ばれるほどで、ボリュームとしては学校は足りていると思います。ただ、ＶＵＣＡ時代に即した教育コンテンツになっているかというと疑問もあり、そのようなコンテンツを提供できれば、新規参入者にもチャンスがあると思います。

４−４の「就職や働きがいのある人間らしい仕事、起業に必要な、技術的・職業的スキルなどの技能をもつ若者と成人の数を大幅に増やす」ことに関しては、特に起業家向け教育などの領域に関して、いわゆる高等教育だけでなく、私的な塾やスクールなどを通じてその量を増やしていくことに大いにチャンスがあると考えます。

5－1　あらゆる場所で、すべての女性・少女に対するあらゆる形態の差別をなくす。

5－4　公共サービス、インフラ、社会保障政策の提供や、各国の状況に応じた世帯・家族内での責任分担を通じて、無報酬の育児・介護や家事労働を認識し評価する。

5－5　政治、経済、公共の場でのあらゆるレベルの意思決定において、完全で効果的な女性の参画と平等なリーダーシップの機会を確保する。

5－b　女性のエンパワーメントを促進するため、実現技術、特に情報通信技術（ICT）の活用を強化する。

女性の家事労働を再評価するということのターゲットは、ある意味女性の家事労働を貨幣化することも含んでいると思います。よって、家事代行サービスなどが今より普及することも考えられるはずです。また、介護サービスも家族内でなくサービスとして利用されるものがより普及することも意味するため、事業者のチャンスが広がると思います。また、女性のエンパワーメントに向けた情報通信技術の活用を強化することも謳われており、新たな通信サービスなどで家事と仕事の両立を促進することができれば新しいビジネスになると思います。

６－１　２０３０年までに、すべての人々が等しく、安全で入手可能な価格の飲料水を利用できるようにする。

６－２　２０３０年までに、女性や少女、状況の変化の影響を受けやすい人々のニーズに特に注意を向けながら、すべての人々が適切・公平に下水施設・衛生施設を利用できるようにし、屋外での排泄をなくす。

６－５　２０３０年までに、必要に応じて国境を越えた協力などを通じ、あらゆるレベルでの統合水資源管理を実施する。

６－ａ　２０３０年までに、集水、海水の淡水化、効率的な水利用、排水処理、再生利用や再利用の技術を含め、水・衛生分野の活動や計画において、開発途上国に対する国際協力と能力構築の支援を拡大する。

日本においては、上水道は既に普及されているものであります。ただ、一方で途上国では、飲料水が十分にいきわたっていない国も数多くあります。日本の技術を用いて、それらの国の飲料水を改善することに商機はあるのではないかと思います。また、海水の淡水化などは特殊な膜技術などが必要であったりするので、それらの技術を有する企業にとっては大きなチャンスが広がっているとも言えます。

７－１　２０３０年までに、手頃な価格で信頼性の高い現代的なエネルギーサービスをすべての人々が利用できるようにする。

７－２　２０３０年までに、世界のエネルギーミックスにおける再生可能エネルギーの割合を大幅に増やす。

７－３　２０３０年までに、世界全体のエネルギー効率の改善率を倍増させる。

再生可能エネルギーによる発電は今より普及が進むことになります。そこでは、現在主力のシリコンの太陽電池だけでなく、洋上風力やペブロスカイト型太陽電池などこれから実用化が進んでいく技術などにも大きなチャンスがあるため、それらに関わっていくことが大きな事業機会につながると考えます。また、発電量が不安定な再生可能エネルギーを取り扱うには発電網がスマートグリッドになる必要があり、ここへの投資も大きなものになると見込まれるためそこへの関与も大きな事業機会になると思います。

8－1　各国の状況に応じて、一人あたりの経済成長率を持続させ、特に後発開発途上国では少なくとも年率7％のGDP成長率を保つ。

8－2　高付加価値セクターや労働集約型セクターに重点を置くことなどにより、多様化や技術向上、イノベーションを通じて、より高いレベルの経済生産性を達成する。

8－6　2020年までに、就労、就学、職業訓練のいずれも行っていない若者の割合を大幅に減らす。

8－7　強制労働を完全になくし、現代的奴隷制と人身売買を終わらせ、子ども兵士の募集・使用を含めた、最悪な形態の児童労働を確実に禁止・撤廃するための効果的な措置をただちに実施し、２０２５年までにあらゆる形態の児童労働をなくす。

８－８　移住労働者、特に女性の移住労働者や不安定な雇用状態にある人々を含め、すべての労働者を対象に、労働基本権を保護し安全・安心な労働環境を促進する。

８－９　２０３０年までに、雇用創出や各地の文化振興・産品販促につながる、持続可能な観光業を推進する政策を立案・実施する。

高付加価値労働へのシフトを目指すこのターゲットは、皆様の会社もそれに向かっていくという点で同じような取り組みをしていくべきことを示していると思います。また、８－６の「就労、就学、職業訓練のいずれも行っていない若者の割合を大幅に減らす」という目標もあるため、職業教育といったビジネスチャンスも今後広がっていくものと思います。また、持続可能な観光業の立案は地方で過疎化が進む日本においても必要なものであるため、進めていくことが重要であり大きな機会だと思います。

９－１　経済発展と人間の幸福をサポートするため、すべての人々が容易かつ公平に利用できることに重点を置きながら、地域内および国境を越えたインフラを含む、質が高く信頼性があり持続可能でレジリエントなインフラを開発する。

９－２　だれもが参画できる持続可能な産業化を促進し、２０３０年までに、各国の状況に応じて雇用やＧＤＰに占める産業セクターの割合を大幅に増やす。後発開発途上国ではその割合を倍にする。

９－４　２０３０年までに、インフラを改良し持続可能な産業につくり変える。そのために、すべての国々が自国の能力に応じた取り組みを行いながら、資源利用効率の向上とクリーンで環境に配慮した技術・産業プロセスの導入を拡大する。

９－ｃ　情報通信技術（ＩＣＴ）へのアクセスを大幅に増やし、２０２０年までに、後発開発途上国でだれもが当たり前のようにインターネットを使えるようにする。

９－１で「質が高く信頼性があり持続可能でレジリエントなインフラ」を目指すとあるので、その前提でのサービス開発を考えることが有効だと考えます。例えば、災害時など特異な状況でも使えるサービスといったものも考えられるかと思います。

ＩＣＴへのアクセスを大幅に増やし、後発開発途上国で誰もが当たり前のようにインターネットを使えるようにするとのターゲットが掲げられているので、ある意味世界中がインターネットにアクセスできるようになったという点を踏まえて、サービス開発を行えば小さな付加価値のものだとしても大きなパイになるビジネスをつくりあげることも可能になると考えます。

10－1　２０３０年までに、各国の所得下位40％の人々の所得の伸び率を、国内平均を上回る数値で着実に達成し維持する。

10－4　財政、賃金、社会保障政策といった政策を重点的に導入し、さらなる平等を着実に達成する。

10－5　世界の金融市場と金融機関に対する規制とモニタリングを改善し、こうした規制の実施を強化する。

10－１の「各国の所得下位40％の人々の所得の伸び率を、国内平均を上回る数値で着実に達成し維持する」ことを目指すため、現在所得の少ない方の所得が増えます。その方をターゲットにしたサービスが考えられます。可処分所得が増えるため、衣食住すべてに機会があり、特に住環境などには新しい顧客が増えるチャンスになるのではないかと考えます。10－4では「財政、賃金、社会保障政策といった政策を重点的に導入し、さらなる平等を」とあるため、日本国内では高齢者の年金などが今まで以上に重要になってくるのでそこに向けたサービスを考えることは非常にチャンスが大きいと思います。

11－1　２０３０年までに、すべての人々が、適切で安全・安価な住宅と基本的サービスを確実に利用できるようにし、スラムを改善する。

11－2　２０３０年までに、弱い立場にある人々、女性、子ども、障害者、高齢者のニーズに特に配慮しながら、とりわけ公共交通機関の拡大によって交通の安全性を改善して、すべての人々が、安全で、手頃な価格の、使いやすく持続可能な輸送システムを利用できるようにする。

11－5　２０３０年までに、貧困層や弱い立場にある人々の保護に焦点を当てながら、水関連災害を含め、災害による死者や被災者の数を大きく減らし、世界のＧＤＰ比における直接的経済損失を大幅に縮小する。

11−1の「すべての人々が、適切で安全・安価な住宅と基本的サービスを確実に利用できるよう」にするというターゲットがあるため、住宅と基本的サービスに対する需要と関連産業にチャンスが増えると思います。11−2に「弱い立場にある人々、女性、子ども、障害者、高齢者のニーズに特に配慮しながら、とりわけ公共交通機関の拡大によって交通の安全性を改善して、すべての人々が、安全で、手頃な価格の、使いやすく持続可能な輸送システムを利用」とあるので、日本では特に交通弱者である地方の高齢者向けの交通などに機会があると考えます。

また、11−5の「水関連災害を含め、災害による死者や被災者の数を大きく減らし、世界のGDP比における直接的経済損失を大幅に縮小」するというターゲットがあるため、ダムなどの災害対策関連の土木工事には大きなチャンスが広がるはずです。

12−3　２０３０年までに、小売・消費者レベルにおける世界全体の一人あたり食品廃棄を半分にし、収穫後の損失を含めて生産・サプライチェーンにおける食品ロスを減らす。

12−4　２０２０年までに、合意された国際的な枠組みに従い、製品ライフサイクル全体を通して化学物質や廃棄物の環境に配慮した管理を実現し、人の健康や環境への悪影響を最小限に抑えるため、大気、水、土壌への化学物質や廃棄物の放出を大幅に減らす。

12－5　２０３０年までに、廃棄物の発生を、予防、削減（リデュース）、再生利用（リサイクル）や再利用（リユース）により大幅に減らす。

12－6　企業、特に大企業や多国籍企業に対し、持続可能な取り組みを導入し、持続可能性に関する情報を定期報告に盛り込むよう促す。

12－b　雇用創出や地域の文化振興・産品販促につながる持続可能な観光業に対して、持続可能な開発がもたらす影響を測定する手法を開発・導入する。

12－3の「小売・消費者レベルにおける世界全体の一人あたり食品廃棄を半分にし、収穫後の損失を含めて生産・サプライチェーンにおける食品ロスを減らす」というターゲットがあるため、食品ロスを減らす新たなサービスが必要になってくるはずです。それは、既存の小売プレーヤーだけではなかなか対処しきれないため、新たな共同プラットフォームのようなものや、消費者にもインセンティブを与えるような仕組みが必要になってくると思います。

12－5「廃棄物の発生を、予防、削減（リデュース）、再生利用（リサイクル）や再利用（リユース）により大幅に減らす」というターゲットに対しては、日本ではリユースつまり中古品の取引がメルカリをはじめとしたC2Cや、中古品店などで既に盛んですが、更にそのニーズが拡大したり、対象となる商品の幅がもっと広がっていくところにチャンスがあるのではないかと考えます。次の12－6の「特に大企業や多国籍企業に対し、持続可能な取り組みを導入し、持続可能性に関する情報を定期報告に盛り込むよう促す」ターゲットに関しては、レポートを作成する支援といったビジネスニーズが発生してくると考えます。また、12－bの「持続可能な観光業に対して、持続可能な開発がもたらす影響を測定する手法を開発・導入」に関しては、インバウンドが回復しつつある日本においては観光業の注目度は高いですが、その中で持続可能性を担保しつつ行うことがSDGsにかなうことであり、そのことがまた宣伝文句にもなると思うので、当該産業に関する方々は積極的に取り組むべきだと考えます。

13－3　気候変動の緩和策と適応策、影響の軽減、早期警戒に関する教育、啓発、人的

能力、組織の対応能力を改善する。

気候変動を抑えること自体は、一企業でどうにかできることではないです。ただ、教育・啓蒙に関しては、それを行う事業という形で参入することは可能かと考えます。

14－1　2025年までに、海洋堆積物や富栄養化を含め、特に陸上活動からの汚染による、あらゆる種類の海洋汚染を防ぎ大幅に減らす。

「海洋堆積物や富栄養化を含め、特に陸上活動からの汚染による、あらゆる種類の海洋汚染を防ぎ大幅に減らす」というターゲットにおいては、陸上で活動する事業を行う企業であれば、自らの活動をまずは汚染を減らすような形に変更するとともに、他社から出る廃棄物などを回収、無毒化することができれば、一つの事業になり得ると考えます。

15－1　2020年までに、国際的合意にもとづく義務により、陸域・内陸淡水生態系とそのサービス、特に森林、湿地、山地、乾燥地の保全と回復、持続可能な利

用を確実なものにする。

15-2　２０２０年までに、あらゆる種類の森林の持続可能な経営の実施を促進し、森林減少を止め、劣化した森林を回復させ、世界全体で新規植林と再植林を大幅に増やす。

15-4　２０３０年までに、持続可能な開発に不可欠な恩恵をもたらす能力を高めるため、生物多様性を含む山岳生態系の保全を確実に行う。

15-5　自然生息地の劣化を抑え、生物多様性の損失を止め、２０２０年までに絶滅危惧種を保護して絶滅を防ぐため、緊急かつ有効な対策を取る。

15-7　保護の対象となっている動植物種の密猟や違法取引をなくすための緊急対策を実施し、違法な野生生物製品の需要と供給の両方に対処する。

15-9　２０２０年までに、生態系と生物多様性の価値を、国や地域の計画策定、開発プロセス、貧困削減のための戦略や会計に組み込む。

15-a　生物多様性および生態系の保全と持続的な利用のために、あらゆる資金源から資金を調達し大幅に増やす。

日本は、国土面積に占める森林面積は約66％（森林率約7割）で、先進国の中では有数の森林大国であるため、森林を守るというビジネスには大きなポテンシャルがあるはずです。森林を活かすという面では、その木材利用が輸入材におされているものの国内材木を活用して国産の製品を増やすことが一つのチャンスではないかと考えます。間伐材等であれば、二酸化炭素の吸収力を減らすことにもならないので自然との調和がとれた形での木材利用になるはずです。また、生物多様性を保持することで、観光業にも資することもあるかと考えます。

16−1　すべての場所で、あらゆる形態の暴力と暴力関連の死亡率を大幅に減らす。

16−2　子どもに対する虐待、搾取、人身売買、あらゆる形態の暴力、そして子どもの拷問をなくす。

「子どもに対する虐待、搾取、人身売買、あらゆる形態の暴力、そして子どもの拷問をなくす」というターゲットは、公的なサービスが主になるとは思いますが、プライベートなものとしても、通信サービスを利用した見守りサービスや人的な預かりサービスなどで防げるものであるため新たな需要を引き起こすことができると考えます。

17－1　税金・その他の歳入を徴収する国内の能力を向上させるため、開発途上国への国際支援などを通じて、国内の資金調達を強化する。

17－2　開発途上国に対する政府開発援助（ＯＤＡ）をＧＮＩ比0・7％、後発開発途上国に対するＯＤＡをＧＮＩ比0・15～0・20％にするという目標を達成するとした多くの先進国による公約を含め、先進国はＯＤＡに関する公約を完全に実施する。ＯＤＡ供与国は、少なくともＧＮＩ比0・20％のＯＤＡを後発開発途上国に供与するという目標の設定を検討するよう奨励される。

このターゲットは途上国への援助がメインのため、途上国に必要とされるサービスを考え、実行していくことが重要になると考えます。具体的には、今まで日本が行ってきたＯＤＡなどを参考にするのが良いと考えます。また、企業レベルでも、途上国であったインドで成功したスズキの例などを参考にしてみるのも具体的に途上国でのビジネスを考える際には良いヒントになるかと考えます。

ＳＤＧｓの実現には、その採択文書も強く訴えているように、現在の社会・経済を持続可能なものへトランスフォーメーション（大改革）していく必要があります。つまり、社会だけでなく会社も大きく変わる必要があるのです。

社会貢献と利益追求の両輪で企業価値を最大化する

ＥＳＧ経営の目的は、社会貢献と利益追求の両輪で企業価値を最大化することにあります。この言葉だけを聞くと、きれいごとのように聞こえるかもしれません。

ただ、今は１つの視点と３つの理由から、ＥＳＧ経営が重要な時代を迎えているのです。

１つの視点とは、長期視点です。

短期で見れば、社会貢献と利益追求は合致しないことが多くても、長期で見れば、地球という有限の環境に依存している企業であれば、双方を追求する必要があります。

そして１つ目の理由は、投資家の変化です。年金ファンドをはじめとした長期投資を行う機関投資家は、長期で投資リターンを考えるうえでサステナビリティを重視するために利益だけでなく、社会貢献も当然のように重視します。

2つ目の理由は、消費者の変化です。消費者は、エコや社会貢献をしていることを明示した商品を好む傾向が増しています。実際、そうした消費者に向けて紙ストローなどが売り出されて好評を博しています。

3つ目の理由は、従業員の意識の変化です。従業員は、ますます企業のパーパスや社会貢献の度合いへの関心を高めています。そのため優秀な人材を獲得、維持するには、高収益を上げて高い給与を約束するだけでは十分ではありません。企業がしっかりとした社会貢献を行う必要があるのです。

そして、そうした企業が市場からもしっかりと評価され、時価総額も最大化され、企業価値が最大となるのです。

課題を語るな、未来を語れ

これまで見てきたとおりESG経営は、達成したいもののその実現はかなり難しいという現実があります。そのため経営者としても、ついついその難しさや課題に目がいきがちで、まわりの部下にもそのように語ってしまったりします。

経営者からそれを聞いた側は、どう受けとめるでしょうか。その言葉を聞いて、やっぱりＥＳＧは難しいということで取り組みのスピードが落ちたり、諦めたりするのではないでしょうか。

したがって、そうならないように注意する必要があります。そして、難しさを感じる時こそ、経営者はＥＳＧ経営が達成された時の明るい未来の状況を、生き生きとした動画のイメージで語ることが大事なのです。

そのように視覚的なイメージを語られることで、部下たちはそれに共感し、達成に向けて走ることができるようになります。

経営者と従業員がＥＳＧに関して同じ方向を向き、走っていくことができれば、企業は驚くべきスピードで変化します。その変化を目の当たりにすることで、従業員はさらにモチベーションを高め、それがさらなる変化を生み出すという好循環のサイクルが出来上がります。

だからこそ、ＥＳＧ経営を進める際はビジョンの共有が重要なのです。

ＥＳＧ経営には俯瞰的な観点が必須

ＥＳＧ経営においては、自社の活動を俯瞰的に見ることが必須となります。なぜなら、局所解的にＥＳＧを捉えてしまった場合、相反する結果をもたらすことが大いにあり得るからです。

例えば、Ecology を最適化することが Social や Governance に悪影響を与えることがあり得ますし、Ecology を追求するあまり、事業の利益が削られるといったことが起きてしまう可能性があるのです。

それを解決する方法は、俯瞰的に見ることと時間軸を伸ばすことです。

一見、正しそうに見えることも、俯瞰して見るとほかの面に悪影響を与えていたり、あるいはほかに悪影響を与えるように見えていることも、時間軸を伸ばしてみると整合性が取れるようになるということがあり得ます。

企業を社会との関係で捉えることや、時間軸を長く捉えることは、社会との接点が広く、経営期間を長く取れるというオーナー経営者だからこそ持ち得る観点なので、オーナー経営者にとって有利に働く点だと思います。

一方、オーナー経営者ではなく雇われ社長（雇われ経営者）の場合はどうでしょう。まず、ＥＳＧ経営を行うという自分の意見をオーナー（株主）に伝え、合意を得る必要があります。その際、現場に入っている社長は長期的、俯瞰的な目線で物事を判断することができますが、往々にしてオーナーは現場をあまり知らないケースがあります。その場合、オーナーの説得に失敗すれば、最終的にポジティブな影響を与えるとしてもＥＳＧ経営に乗り出すことはできなくなります。

失敗を恐れていては、ＥＳＧ経営は成功しない

すでに述べたようにＥＳＧ経営には単一の正解はありません。１００点と呼べるようなものなどないのです。だからこそ、早く着手し、ＰＤＣＡを回しながら小さな失敗を重ねつつ改善していくことがきわめて大切なのです。

その際に失敗を恐れて着手しないことこそが最大の悪であり、ＥＳＧ経営の成功を妨げるメンタルバリアなのです。

特にオーナー経営者の中には、強いリーダーシップを発揮するために自分がミスを犯さ

ないことを重視している方が多いかもしれません。しかし、ＥＳＧ経営に関しては、そのポリシーを捨てる覚悟が求められます。

そして、小さな失敗を重ねながら、自社ならではのＥＳＧ経営を確立していくことこそが非常に重要で、他社との差別化になるのです。

これらのＥＳＧ経営を確立することを通じて、企業のＥＳＧの活動や成果を重要視する株主や株式市場の評価が高まるため、時価総額も高まっていくことになります。このことこそが、ＥＳＧを通じた時価総額経営と呼べるものだと考えます。

第5章

戦略×ESG投資を制するものが未来を制する

経営者に問われる覚悟

ＥＳＧ経営を行う経営者には、そのための戦略と高いレベルのＥＳＧ経営、この２つを両立しながら経営していくことが必要になってきています。ただし、これは「言うは易く行うは難し」でもあります。

なぜなら、ビジネス戦略とはあくまで企業利益を追求するものであり、そしてＥＳＧ経営とはそれより広い視野でEcologyやSocial、Governanceを追求することであるからです。そのため表面的に、また局面ごとでは対立する場面が生じます。

ただ、対立するからといって、そこで諦めたり、どちらか一方だけを立てていると、結局は中途半端になってしまいます。そうした時に双方を同時に満たす案を考えることこそが経営者に求められる仕事であり、責務なのです。

そのためにも前述したように長期的な視点という、オーナー経営者ならではの武器を駆使して難しい問題を解いていくことが重要になるのです。

企業の社会的責任とは

企業の社会的責任（ＣＳＲ Corporate Social Responsibility）とは、企業が経済的な利益を追求するだけでなく、社会的、環境的な側面も考慮し、その悪影響を最小限に抑えつつ貢献することを指します。

具体的には以下のような行動が含まれています。

・環境に配慮した経営
企業活動が環境に及ぼす悪影響を抑え、持続可能な社会の実現に貢献するための活動。例えば、リサイクルの推進、エネルギー効率の向上、排出ガスの削減など。

・社会貢献活動
企業が利益を社会に還元する行動。例えば、地域コミュニティへの貢献、公益活動への寄付、教育支援など。

・働きがいのある職場の実現
労働者の人権を尊重し、健康と安全を確保すること。ダイバーシティの尊重、公平な待遇、ハラスメントの防止などが含まれる。

・良好な企業ガバナンス

企業の運営に対する透明性と責任を確保し、ステークホルダー（株主、従業員、顧客、地域社会など）の利益を守ること。

こうしたＣＳＲ活動は企業のブランドイメージを向上させ、従業員のモチベーションを高め、投資家や顧客からの評価を上げる効果があります。そして、結果として企業の長期的な成長と繁栄に寄与すると考えられています。

ただ、最近ではＳＤＧｓなどが注目され、企業活動そのもので社会課題を解決するという積極的な姿勢がより重視されるようになっています。

管理指標（社会的インパクト、ＳＲＯＩ）の重要性

オーナー経営者がＥＳＧ経営を推進していくにあたっては、外部機関からＥＳＧスコアという形で評価を受けることも可能です。

ただ、自らの活動を自社で測定し、管理指標を設けることも可能です。実際、そのほうが内部で管理し、ＰＤＣＡが回しやすくなります。そのための代表的な指標がすでに紹介した社会的インパクトとＳＲＯＩです。

社会的インパクトとは、企業の活動による社会的なインパクトを定量的な貨幣価値として試算するものです。また、ＳＲＯＩはそれを投資とリターンに分け、その投資対効果を測るものです。

両者ともビジネス界で使われる指標と同じ数値になるために活用がしやすく、内部的なＰＤＣＡを回す際にも、またその効果を外部のステークホルダーとコミュニケーションするにあたってもかなり使いやすいものになっています。

ＳＲＯＩが便利な点は、ＳＲＯＩ値を算出することで企業の事業活動以外の社会的な価値が把握できることです。企業の価値は前述のとおり時価総額、つまり株価×株式発行数によって求められていますが、ＥＳＧ活動等による目に見えない価値も企業価値に含める必要があるのではないかと考えています。

目先の利益追求は未来の利益を失う

上場企業の経営者の場合は、小さい会社のオーナー経営者のように簡単に決断することはできません。

上場企業の経営者は、市場からのプレッシャーに負けて短期的な利益を追求しがちな傾向があり、それによって未来の利益を失うことがしばしばあります。

例えば、不確定だがリターンが大きく見込めるという将来に向けた投資が少なくなってしまうこと、既存の収益源から短期で利益を刈り取ってしまうことなどです。このように短期の利益を追求するあまり、長期の利益が犠牲になってしまうことがあるのです。

一方で、オーナー企業であるサイバーエージェントでは藤田社長のもと、ＡＢＥＭＡに２００億円の投資を続けるという方針で、長期的に新たな柱をつくるという決断をしています。現在はまだ収益化に至っていませんが、全社的にはゲーム事業などの高収益により、ＡＢＥＭＡ事業を始めた当時より高い時価総額を実現しています。

また、Facebook や Instagram で有名な Meta 社も長期的な目線で事業を行っています。主にメタバース分野に大きく投資しており、ＣＥＯのマーク・ザッカーバーグは３～５年間で「かなりの赤字」が出る旨の説明を行っています。

現にメタバース部門では２００億ドル以上の損失を計上し、株価の下落を招きました。それでもメタバースへの投資をやめないのはザッカーバーグがメタバースの可能性を信じ、長期的な目線で経営を行っているからです。

このように長期的な目線を持つことは、高い時価総額の実現には不可欠なのです。

名経営者は「三方良し」を実現する

名経営者とは、どのような経営者なのでしょうか？　昔であれば、売上を上げる経営者が名経営者だったのかもしれません。日本では、従業員の雇用や給与を守る経営者は名経営者と言われました。

株主至上主義の時代と言われるのであれば、時価総額を最大化させる経営者が名経営者なのでしょうか。現在では自社や買い手だけではなく、ステークホルダーまでを含めた、社会をより良くする経営者が名経営者なのでしょうか。

実は日本では、本書でもたびたび書いているように昔ながらの近江商人の「三方良し」

を実現する経営者が名経営者とされているのです。

「買い手良し」「売り手良し」「世間良し」の三方良しが広く知られている日本では、昔から利益第一主義ではなく、商売の周辺領域まで考える習慣が身に付いていたのでしょう。そのことで、日本にはESG経営が受け入れられやすい土壌がもともとあるのかもしれません。

ESGの成功事例① NTT

ここからは東洋経済の2023年ESGランキングの上位企業であるNTT、三井住友フィナンシャルグループ、SOMPOホールディングスと中堅企業でありながら上位であるファンケルにおけるESGの事例を紹介します。日本企業で実際にどのようなESGが行われているか、まずNTTの事例を解説致します。

□概略

※ Ecology

事業に必要不可欠である通信設備、電柱や通信ケーブルなどが生態系に対して悪影響をおよぼしていることも問題視している。

そのため建物を新たに建設する際には、グループ独自のガイドラインに基づき、建物の敷地やその周辺地域の歴史的・社会的・地理的・生物的な環境特性の把握に努め、必要に応じて設計に反映している。

※ Social

ＮＴＴは、「民主的で多様な文化を認め合いながら発展する社会と価値創造に貢献」することを目指す中で、新たな経営スタイルを導入することで「文化の共栄」を実現させる取り組みをしている。その一環として、リモートワークを基本とするワークライフによって、多様な働き方に合わせた業務プロセスの構築、働きやすさの向上によるイノベーションの創出にも期待している。

さらに、サービス生産の向上を図るためにデジタルマーケティングの拡大を見込むことや、会社の拠点を地域に分散することによる地方創生事業の拡大も目指している。また、労働環境の整備や制度の見直し、ＤＸの促進によって、女性の役員比率向上や、障害者雇用、男性の育児休暇を積極的に伸ばしていく方針を持っている。

※ Governance

中期経営戦略となる「Your Value Partner 2025」に基づきながら、パートナーとともに社会課題の解決を目指した活動を推進するため、ＮＴＴは経営の健全性や適正な意思決定と事業遂行の実現、説明責任の明確化、コンプライアンスの徹底を基本方針とすることを決めている。

基本的なコーポレートガバナンスの体制は、独立社外取締役を複数名と、過半数の独立社外監査役を含む監査役会を設置している。そして、執行役員制度の導入により、取締役会が担う決定・監査の機能と、執行役員が担う業務執行の機能を明確に分離する体制を整えている。指名委員会・報酬委員会を任意で設置し、監査役会設置会社形態による統治機能体制を取っている。

□具体的な取り組み

※Ecology

・通信事業の電力効率化

ＮＴＴグループは、２０３０年度の目標として、データセンターを含めた通信事業の通信量当たりの電力効率を、２０１３年度比で10倍以上に設定している。電力は通信事業継続に不可欠であり、またＮＴＴグループのCO_2排出要因の9割以上を占めている。電力利用の効率を上げることは、事業継続リスクの回避と、気候変動の緩和の両面につながると考え、目標を設定している。具体的な活動としては、省エネ性能ガイドラインに基づく、省エネ性能の高い機器の導入や、ネットワーク構成の効率化を進めている。

・ＧＨＧ排出量削減

社用車の使用にともなうCO_2排出量を抑制するために、ハイブリッド車や電気自動車などの低公害車の導入や、ビル単位での社用車の共有化による保有台数の削減を進めている。その結果、２０１９年度の集計ではＧＨＧ（温室効果ガス）直接排出量を前年度比マイナス16％、ＧＨＧ間接排出量を前年度比マイナス７％にすることに成功している。

・気温上昇などへの対応

気温上昇によるリスクとしては、空調設備の消費電力量増加によるオペレーションコスト増加のリスクがある。具体的には、通信設備やデータセンター用の機器は動作時の温度条件が設定されており、設定温度を超える状況では、機器の停止や故障などが発生する可能性があるため、空調機などによって室内温度を一定に保っている。この空調機のエネルギー効率は、外気温が高い場合には下がり、消費電力が増加する。これらの要因によって、

ＮＴＴグループは、消費電力の増加による電力コスト増加という、大きな財務的影響を受けるリスクがある。

オペレーションコスト増加を最低限に抑えるため、空調設備関連の消費電力削減施策を継続して推進している。具体的には、ワイヤレス温度センサーモジュールを配置し、各センサーの温度計測値に合わせて空調機を自動制御し省エネを実現する空調最適制御システムを導入している。また、装置の排熱を効率的に逃がすディフューザや、ブランクパネルの設置、二重床パネルの最適配置などによって空気の流れを制御することで、温度が高くなってしまうヒートスポットを解消し、空調機の設定温度の適正化による省エネを実施している。これらの施策に２０１９年度は約85億円の出資を行っている。

・プラスチックの利用削減、循環利用の推進

プラスチックの利用削減、循環利用の推進にも取り組んでいる。例えば、支線カバーや接続端子函カバーなどのプラスチック製の一部の通信設備は、廃棄された同種のカバーから再生したプラスチックで新品をつくる、クローズドリサイクルを実現している。また、ＯＮＵ（光回線の終端装置）やＨＧＷ（ホームゲートウェイ）などの光回線の接続でお客さま宅で使用される装置の梱包用プラスチックを廃止する取り組みを進めている。

・携帯電話のリサイクル

携帯電話には、金、銀、銅、パラジウムなどが含まれており、鉱物資源の少ない日本にとっては貴重なリサイクル資源と言える。そこで、ＮＴＴドコモは１９９８年度から、全国約２３００店舗のドコモショップや各種イベントなどで、お客さまから使用済み携帯電話の回収を行い、２０１９年度は約３８７万台の携帯電話を回収し、累計では１億１５２３万台に達した。

２０１１年度には、携帯電話に使用されるプラスチックを熱分解して燃料用油を生成するとともに、油化処理後の残さから金、銀、銅などを回収するという、新しいリサイクルプロセスを導入した。

※Social

・仕事と育児・介護との両立に向けた支援

居住地に合った保活支援等を実施する「育児コンシェルジュ」を導入したほか、各種育児補助金などのサービスも大きく充実させている。また、介護については、ケアマネージャーのマッチングを含め各種介護の相談に応える「介護コンシェルジュ」も新設。その他、厚生労働省による「仕事と介護を両立できる職場環境」の整備促進のためのシンボルマーク（愛称「トモニン」）を活用し、ＮＴＴの取り組みをアピールするとともに、仕事と介護を両立できる環境づくりを進めている。

・退職社員の働く意欲に応える再採用制度

育児、介護または配偶者の転勤などで退職した社員の中には、将来再びＮＴＴグループで働きたいとの希望を持つ人も少なくない。そうした要望に応えるとともに、在職中に蓄積した経験やスキルの有効活用を図るために、退職した社員の再採用制度を設けている。

この制度の対象となるのは、小学校3年生以下の子の育児や、家族の介護を行うため、またはパートナーの転勤、転職および結婚による転居にともない通勤が不可能となったため、やむを得ず退職した勤続年数3年以上の社員。社員から再採用の申し出があった場合は面談や健康診断などを実施の上、再採用を決定する。

・ＬＧＢＴ等性的マイノリティに対する配慮

ＬＧＢＴ等性的マイノリティに対する取り組みを推進している。性的指向や性自認にかかわらず、誰もが自分らしく生き、働ける組織、社会の実現をめざして、２０１６年には重要なライフイベントに関わる「結婚休暇」「忌引休暇」「慶弔金」「慶弔電報の発信」について、同性のパートナーにも適用できる旨を明確にした。２０１８年には各種手当や福利厚生など、配偶者およびその家族に関わる制度全般を同性のパートナーにも適用した。

・従業員の健康の保持・増進

従業員の健康の保持・増進に向け、定期健康診断の充実と、診断結果を踏まえた健康指導を行っている。さらに、生活習慣病対策として、希望者に対して人間ドックの受診機会を提供するとともに、30歳を起点として60歳まで5年ごとの人間ドックの受診を必須とし、加えて、スポーツジムの利用者への利用支援も実施している。

また、健康保険組合と連携し、ウェアラブル端末を活用することで、日々の歩数などのバイタルデータを記録・確認できるポータルサイトや、健康診断データをもとにメタボや高血圧に関する将来の健康リスクを予測・シミュレーション機能を具備したアプリを提供し、従業員の健康行動のサポートを実施している。加えて、食堂が設置されている事業所では栄養士の管理による昼食を提供しているほか、一部の事業所においては、仕事の合間のリフレッシュとレジリエンスを高めるために気軽に利用できるマッサージサービスも提供している。

※Governance

・人身事故ゼロ化に向けた取り組み

人身事故の防止に向けて、基本動作の再確認・再徹底や作業者一人ひとりの安全意識向上に向け、グループ一体となって継続的に取り組んでいる。例えば、ＮＴＴグループ共通の「安全の日」には過去に起こった事故の再現ＶＴＲを活用した注意ポイントの確認や全作業員宛ての一斉メールを送付し、注意喚起している。

□筆者が着目したＥＳＧポイント

ＮＴＴのＥＳＧ活動について筆者が最も注目したいのは、「携帯電話のリサイクル」です。ＮＴＴドコモを傘下に持つからこそできる活動であり、環境問題への企業の対応としては非常にユニークかつクリティカルです。また、１９９８年という世界的に見ても環境問題への関心が比較的低い時期から取り組みを始めている点も評価できます。

　最近ではスマートフォンを安心・安全に回収するための取り組みとして、スマートフォン専用の破砕工具を独自に開発し、店頭に配備しています。スマートフォンを回収する際は、お客様の目の前で粉砕処理する必要があり、その際液晶画面が割れて飛散するのを防ぐためです。

　このように環境への意識だけにとどまらず、お客様への配慮を忘れないというのは企業として素晴らしい姿勢かと思います。

ＥＳＧの成功事例②　三井住友フィナンシャルグループ

□概略

※ Ecology

本業を通じた環境・社会課題の解決に積極的に取り組んでいる。特に環境関連分野に特化したグリーンファイナンスの取り組みを強化している。

政府が策定した２０５０年カーボンニュートラルに伴うグリーン成長戦略における14の重要分野をはじめ、脱炭素社会の実現に資するお客さまの取り組みへの支援を実施・強化している。具体的には、三井住友銀行による融資・預金、ＳＭＢＣ日興証券によるＥＳＧ債等の引き受け、ＳＭＢＣ信託銀行による設備や敷地の受託、三井住友ファイナンス＆リースによる設備リース・開発投資、日本総合研究所によるコンサルティング等、各社それぞれの個性を活かした支援を行っている。

※ Social

ＳＭＢＣグループが人権への負の影響を引き起こした場合は、その影響を軽減・回復するべく、適切な手段を通じて救済に努めるとともに、サプライヤーやお客さまとも協調し、自社の事業・製品・サービスが直接関連する負の影響を防止・軽減するよう努める。

※ Governance

経営における普遍的な考え方として経営理念を定め、それを企業活動を行う上での拠りどころとして位置付け、組織形態としては、国際的に広く認知され国際的な金融規制・監督とも親和性の高いコーポレートガバナンス体制である指名委員会等設置会社を採用している。

□具体的な取り組み

※ Ecology

・ネットゼロに向けた移行計画、気候変動への対応（ＴＣＦＤ提言への取り組み）

２０３０年までにＳＭＢＣグループ自身が排出するＧＨＧをネットゼロとすることに加え、２０５０年までに投融資ポートフォリオ全体でのＧＨＧ排出量をネットゼロとすることへコミットしていく。またＳＭＢＣグループはＴＣＦＤ（気候関連財務情報開示タスクフォース）への賛同を２０１７年12月にパリで開催されたOne Planet Summit で表明した。

・自然資本の保全・回復への対応（ＴＮＦＤへの取り組み）

ＳＭＢＣグループは地球の環境を守るには、温暖化を防ぐことに加え、自然資本の損失を止め回復させる「ネイチャーポジティブ」を実現することが不可欠だと考えている。取り組むべき重点課題の一つとして定める「環境」において、脱炭素社会の実現と、自然資本の保全・回復への貢献を両輪で進めていく。また、ＳＭＢＣグループは２０２２年１月にＴＮＦＤフォーラムに参画し、ＴＮＦＤ（自然関連財務情報開示タスクフォース）の考え方に賛同した。ＴＮＦＤの枠組みに沿って事業と自然資本との関係性や特に重視すべき分野を分析し、リスクと機会を整理することで取り組みの方向性を検討している。

・環境ビジネスの推進

主にグリーンファイナンスへの取り組み、環境関連ビジネスの創出、金融商品を通じた環境保全への取り組み、投資を通じた環境への貢献を行っている。

・グリーンファイナンス

国内外で再生可能エネルギー事業等に対するプロジェクトファイナンスを実施。CO_2削減に寄与している。「グリーン預金」を通じて、お客様から預かった預金を再生可能エネルギー分野向けファイナンスにて運用している。

ＳＭＢＣグループはサステナブルバリューアップファンドを設立している。ある程度の築年数が経過した不動産に投資を行い、積極的な改修工事を実施することで、不動産価値向上による国内不動産ストックの良質化を図るとともに、空調施設を最新のものにすることで省エネを実現するなど、環境負荷低減に貢献。その他多数の活動あり。

・環境関連ビジネスの創出

株式会社アビヅとともに株式会社ＳＭＡＲＴを設立。プラント処分元請事業を開始。リース期間満了のもので再使用不可のものはスクラップにし、処分業者へ引き渡す。これにより廃棄物発生抑制および適正な最終処分を支援し、循環型社会の実現に貢献。また新興国では、地球環境とバランスの取れた経済成長が求められている。三井住友銀行では、新興国における環境技術を有する日本企業との橋渡しや環境関連プロジェクトへの融資、排出権取引のノウハウ提供を目的とした覚書を複数締結。

・金融商品を通じた環境保全への取り組み

省資源・省エネルギーの推進や地球温暖化対策などの気候変動・環境問題への対応をはじめ、さまざまな社会的課題に取り組むお客さまに対するソリューションや商品を開発・提供している。

・投資を通じた環境への貢献

三井住友銀行では資産運用を通じた社会貢献への取り組みとして、東京都が初めて発行するグリーンボンド「東京グリーンボンド」に投資を行った。

・環境負荷軽減への取り組み

ＳＭＢＣグループは、サステナビリティに関する長期計画「SMBC Group GREEN × GLOBE 2030」において、「ＳＭＢＣグループが排出する温室効果ガス（以下ＧＨＧ）を２０３０年に実質ゼロ」という目標を掲げ、取り組みを進めている。

実現に向けては、事業活動で使用する電力について、非化石証書活用による再生可能エネルギー由来電力への切替等の施策により、ＧＨＧ排出量を削減することを基本とする。削減しきれない排出量については、クレジットの購入等によりオフセットする。またペーパーレス化を進めることで、環境負荷の軽減とお客様の利便性向上のみならず、業務効率化も行っている。

三井住友銀行では、顧客の個人向け国債の購入に応じて、同行が収益の一部を使って、育林プロジェクトへの寄付をはじめとする温室効果ガス排出削減への取り組みを行う「個人向け国債『ＳＭＢＣグリーンプログラム』」を実施。ＳＭＢＣファイナンスサービスは、

「地球にやさしいカード」を発行している。そのカードを利用すると、ＳＭＢＣファイナンスサービスから利用金額の０・５％が自動的に（公財）緑の地球防衛基金を通じて保護・研究団体へ寄付される。

※Social

・人権の尊重

ＳＭＢＣグループでは、人権尊重への各種取り組みの前提として、「人権尊重に係る声明」を制定している。ＳＭＢＣグループが人権への負の影響を引き起こした、またはこれを助長している場合は、その影響を軽減・回復するべく、適切な手段を通じて救済に努めるとともに、サプライヤーやお客さまとも協調し、自社の事業・製品・サービスが直接関連する負の影響を防止・軽減するよう努める。また、「国連グローバル・コンパクト（UN Global Compact）」の人権・労働・環境・腐敗防止に係る10原則に賛同を表明している（国連グローバル・コンパクトは、国連と民間［企業・団体］が手を結び、健全なグローバル社会を築くための世界最大のサステナビリティ・イニシアチブであり、各企業・団体が責任ある創造的なリーダーシップを発揮することによって、社会の良き一員として行動し、持続可能な成長を実現するための自発的な取り組みのこと）。

・ダイバーシティ&インクルージョン

SMBCグループは「従業員の多様性こそ、成長の源泉」ととらえ、さまざまな活動を展開している。

両立支援↓育児×仕事、介護×仕事などの両立を支援

女性活躍↓従業員の女性比率が高く（47・8%）、管理職登用も積極的に行っている。

LGBT理解促進↓「人権尊重に係る声明」や、「ダイバーシティ&インクルージョンステートメント」において、性的指向・性自認に関する偏見に基づくハラスメントや、採用や昇進プロセスにおける差別的な取り扱いのない職場環境づくりに努めることを宣言。LGBTに対する正しい理解と意識・行動変革を促すため、全従業員を対象にした研修や勉強会を実施。また従業員の相談窓口を設置。

グローバル人材の活躍↓SMBCグループは世界40を超える国と地域に展開し、グループの成長を牽引する海外ビジネスを支えるべく、従業員の雇用地を問わない適材適所の登用を推進する枠組み整備を進めているほか、ビジネスの急速なグローバル化を支える人材の育成に力を入れている。

シニア人材の活躍↓三井住友銀行では定年を65歳まで延長し、生涯にわたる多様な挑戦

を可能とする制度を整えている（公募制度：希望業務への挑戦を支援するため、公募制度を拡充。セカンドキャリア支援制：自ら外部企業に挑戦する従業員を支援するため、セカンドキャリア支援金（割増退職金）を支給。デュアルキャリア支援制度：60歳を迎えた従業員を対象として、プライベートや副業との両立を視野に、週３日勤務を前提とする柔軟な雇用形態を導入）。

障がい者の活躍→ＳＭＢＣグループでは、障がいのある従業員一人ひとりが、その能力や適性を思う存分活かせるように、さまざまな業務開発や働きやすい環境づくりに取り組んでいる。また、各社において法定以上の雇用率（２０２１年9月現在2・3％）を維持。また、特例子会社「ＳＭＢＣグリーンサービス」を設立し、さまざまな障がいを持つ従業員の採用を行い、障がい者雇用を推進。

ＳＭＢＣグリーンサービスでは、ハード・ソフト両面から、従業員が安心して働き、活躍できる職場環境を整備。

具体的には、ハード面では音声認識で文字を作成するユニバーサルトーク導入による会話の見える化や、顔認証モニターなどをはじめとするインフラを整備。ソフト面では、専門資格を持つカウンセラーによる就労支援体制や、ステップアップを目指せる人事制度などを導入。

・安心・安全なまちづくりの実現

三井住友銀行は、店舗設備導入の際には、障がいのある方でも利用しやすいかどうかをあらかじめ開発段階で確認し、導入後はお客さまの意見をうかがい、支店のユニバーサルデザイン対応を進めている（ピクトグラム表示、点字ブロックの対応、視覚障がい者対応ＡＴＭなど）。またユニバーサルサービスとして、点字サービス、音声読み上げ式ワンタイムパスワードカード、代筆・代読手続きの導入を行っている。

・各種連携による社会包摂の推進

ソーシャル・インパクト・ボンドの組成→三井住友銀行とＳＭＢＣ信託銀行は、官民連携スキームである「ソーシャル・インパクト・ボンド」の取り組みを推進。２０１７年７月に神戸市の糖尿病性腎症等重症化予防事業、２０１９年9月には豊中市の禁煙事業において、いずれも本邦初の取り組みとなるソーシャル・インパクト・ボンドを組成。

フィナンシャルインクルージョンへの取り組み→ＳＭＢＣグループは、銀行口座を持たない個人や金融サービスを受けにくい事業体へ金融商品・サービスの提供を拡大すべく、フィナンシャルインクルージョンの促進に積極的に取り組んでいる。

地方創生ビジネス→ＳＭＢＣ信託銀行は、水族館の土地、建物を信託財産として受託し、水族館の設計、管理、運営のサポートなどを通じて、地方創生に貢献している。

また、三井住友ファイナンス&リースでは、２０１９年1月の西日本鉄道・福岡銀行・福岡県太宰府市による古民家宿泊事業への参画を皮切りに、地場企業と連携した観光振興を軸とする地方創生事業に取り組んでいる。

同年9月に南都銀行と奈良県において創設した地域創生ファンドによる、古民家再生事業や地場産業への資金提供に続き、２０２２年7月に、新たに西武リアルティソリューションズ・埼玉県秩父市等とタイアップし、登録有形文化財を含む歴史的建造物を活用した新たな観光拠点づくりにも参画。

※Governance

・コーポレートガバナンス

ＳＭＢＣグループでは、経営における普遍的な考え方としていくつかの経営理念を定め、それを企業活動を行う上での拠りどころとして位置付けている。

組織形態として指名委員会等設置会社を採用している。国際的に広く認知され、国際的な金融規制・監督とも親和性の高いコーポレートガバナンス体制を構築し、業務執行に対する取締役会の監督機能強化および業務執行の迅速化を図ることを目的としたもの。

社外取締役を登用する際は、下記に該当しないことが必要であると考える。

主要な取引先→当社・三井住友銀行（以下、当社等）を主要な取引先とする者もしくはその業務執行者。当社等の主要な取引先もしくはその業務執行者。

専門家→当社等から、役員報酬以外に、過去３年平均で、年間１０００万円超の金銭その他の財産を得ている法律専門家、会計専門家またはコンサルタント。または、当社等から、多額の金銭その他の財産を得ている法律事務所、会計事務所、コンサルティング会社等の専門サービスを提供する法人その他の団体の一員。

寄付→過去３年間で年間１０００万円または、相手方の年間売上高の２％のいずれか大きい額を超える寄付等を受ける者、もしくはその業務執行者。

主要株主→当社の主要株主もしくはその業務執行者（過去３年以内に主要株主もしくはその業務執行者であった者を含む）。

近親者→次に掲げるいずれかの者（重要でない者を除く）の近親者。

（１）上記に該当する者。

（２）当社またはその子会社の取締役、監査役、執行役、執行役員等の使用人。

また役員等が、持続可能な社会の実現への貢献や、「SMBC Group GREEN × GLOBE 2030」の達成へのコミットメントを一層高めることを企図し、役員報酬には、「ＥＳＧ評価」を採り入れている。

□筆者が着目したESGポイント

三井住友フィナンシャルグループのＥＳＧ活動について筆者が着目したいのは、「環境関連ビジネスの創出」です。代表的なのは前述した株式会社ＳＭＡＲＴの事例です。ＳＭＡＲＴは2社合同で設立された会社ですが、出資した2社がノウハウや知見を持ち寄ることで新しいビジネスを創出しています。

三井住友フィナンシャルグループのこのような活動は国内だけにとどまらず、新興国における環境技術を有する日本企業との橋渡しや環境関連プロジェクトへの融資、排出権取引のノウハウ提供を目的とした覚書（ＭＯＵ）を複数締結するなど、海外でも展開しているようです。

環境問題は一社、一国だけの問題ではありません。三井住友フィナンシャルグループのように国内外問わず、他社と協力しながら環境問題に取り組んでいく姿勢は投資家にとって非常に魅力的に映るのではないでしょうか。

ＥＳＧの成功事例③　ＳＯＭＰＯホールディングス

□概略

※Ecology

ＳＯＭＰＯは気候変動による自然災害の増加は、保険金支払いの増加などで事業活動全般に大きな影響を受けると考えている。そのため、率先して環境負荷の削減に取り組むとともに、環境リスクを含むグループ内のあらゆるリスクのうち、重大リスクを把握・評価し、取締役会でグループベースの発現状況や対策を確認する体制を整えている。

「損保ジャパンの森林」として全国８カ所の各自治体と協定を結び、地域の人々、社員、代理店・その家族とともに森林整備活動や環境教育を実施。社員食堂等では、コーヒー等のカップをプラスチック製から紙製へ、プラスチックストローは必要な人のみへの提供に変更するなど社内の環境意識は高い。

※Social

女性管理職比率26・８％、男性育児休業取得率71％などダイバーシティや働きやすさの指標も高水準（２０２１年度）。インドの現地法人で銀行が提供するマイクロファイナンスの活用を促進する農村・貧困層向けのマイクロインシュアランス（小規模保険サービス）を２００８年から提供するなど、グローバルでの幅広い社会課題活動も行っている。

※Governance

コンプライアンス教育の実施を行っている。その実施対象は損保ジャパンをはじめ、その他グループ会社、海外連結会社が含まれ、実施状況は２０１９年度は90・７％、２０２０年度は93・９％、２０２１年度は94・２％、２０２２年度は92・８％と高い数値を示している。

□具体的な取り組み

※Ecology

自然災害リスクに備える商品・サービスを安定的に提供する。また、気候変動の影響の軽減、低炭素社会の構築、生物多様性の保全、ステークホルダーの環境配慮行動の促進などに寄与する商品・サービスの開発・提供に努める。

・バリューチェーンを含めた環境負荷の低減

事業活動に伴う環境への負荷を認識し、環境関連法規制などの遵守はもとより、さまざまなステークホルダーと連携・協働して、省資源、省エネルギー、資源循環に取り組むとともに、バリューチェーン全体での環境負荷の低減に努める。

・環境問題に対する意識啓発、環境・地域貢献活動の推進

社会全体の環境問題に対する関心を高めるため、保険事業を中心にさまざまな事業を展開しているグループならではの知見を生かした環境関連情報を発信することで、環境保全の重要性を社会に広く伝えていくとともに、環境教育・啓発活動に努める。また、社員一人ひとりが「よき家庭人、よき社会人」および「地球市民」として自発的に行う環境保全活動や地域貢献活動などを積極的に支援する。

※Social

・女性活躍推進

２０２３年度末までのグループ全体の女性管理職比率の目標を30％以上と設定し、女性社員の知識・スキル向上、意識・マインド変革にむけて女性育成プログラムを実施しているほか、グループ各社で独自のプログラムも実施。これらのプログラム等を通して、

２０２１年３月末時点において、損保ジャパンでは、女性の取締役１人、執行役員１人と部店長13人、ＳＯＭＰＯひまわり生命保険では執行役員４人と部店長１人を登用。

上記取り組みの結果、目標数値を定めた２０１３年７月時点ではグループ全体で女性管理職数は３０５名、管理職に占める女性比率は５％だったが、２０２１年３月末時点の女性管理職数は１３８４名、管理職に占める比率は26・８％となっている。

当社は、経済産業省および東京証券取引所が女性活躍推進に優れた上場企業を「中長期の企業価値向上」を重視する投資家に魅力ある銘柄として紹介する「なでしこ銘柄」に、４年連続で選定された。

・障がい者活躍推進

グループ全体における障がい者安定雇用のさらなる推進と障がい者がいきいきと働ける環境づくりを目的に２０１８年４月に特例子会社「ＳＯＭＰＯチャレンジド」を設立。

障がい者の職業生活における能力発揮・自己実現の場を安定的に提供するとともに、障がい者の持つ多様性を当社グループの成長に欠かせないイノベーションに活かすことを目指し、障がい者雇用促進に取り組んでいる。

・産育休者向け復帰支援策「アモーレサポート」

本人と職場メンバー全員の働きやすい環境づくりのため、「妊娠・出産・育児ガイド」「育産休取得者面談シート」「上司のための育休者対応マニュアル」など支援ツールを充実させている。また、定期的に会社の重要施策に関する情報提供を行っている。

・介護に関する制度

高齢化の急速な進展により、家族の介護が身近な問題となっている中、より安心して仕事と介護が両立できるよう、「介護休業制度（通算３６５日限度）」「介護休暇」「介護シフト勤務制度」「介護短時間勤務制度」を拡充するとともに、「仕事と介護の両立支援セミナー」の実施などを通じて、働きやすい環境を整えている。また、「仕事と介護の両立対応マニュアル」を提供し、職場の上司・同僚の理解を促進している。

※Governance

・リスク対応の実施

リスクに対する意識浸透・定着と感度向上に向けた取り組みを以下のように行っている。

全役員・従業員を対象に入社時のリスク管理とコンプライアンスに関する研修を実施している他、リスクマネジメントに関する教育および周知を定期的に実施。

従業員向けの教育：リスク、リスクアセスメント、ＥＲＭに関する基本知識と当社のＥ

RM体制などについての教育を実施。

役員向けの教育：グループを取り巻く主要なリスク動向やリスク部門の見解を記載したレポート（日本語・英語）を定期的に発信し、経営層のリスク感度の強化を図っている。

その他、社外専門家を交えた主要なリスクに関する研修を定期的に実施。

□筆者が着目したESGポイント

SOMPOホールディングスのESG活動について筆者が着目したのは、SOMPOホールディングスがESGに取り組む動機です。

前述のとおりSOMPOホールディングスは環境問題の深刻化が自然災害を招き、ひいては保険金支払額の増加に結び付くと考えています。自社の事業活動を安定化すなわち保険金支払額を安定させるという、強い動機でESGに取り組むことができているというのは強みであると考えられます。

SOMPOホールディングスがESGランキングにおいて長年上位にランクインし続けられるのは、その強い動機があるからなのかもしれません。

ＥＳＧの成功事例④　ファンケル

□概略

※Ecology

ファンケルは、CO_2排出削減やプラスチック使用削減など環境保護に取り組んでいる。具体的な目標は２０５０年までにCO_2排出実質ゼロ化、２０３０年までにプラスチック容器４Ｒ（Refuse、Reuse、Reduce、Recycle）１００％、２０２５年までに環境配慮紙１００％など。再生可能エネルギーへの展開も重要で、太陽光や風力発電を導入。工場では２０２１年に太陽光発電が16％の電力供給を見込んだ。再配達削減も導入し、脱炭素社会を目指している。

※Social

ファンケルは「健やかな暮らし」と「地域社会と従業員」を重要課題として掲げている。具体的な数値目標としては、２０３０年までに日本人健康食品使用率50％、２０２３年までに女性管理職比率50％と障がい者雇用率５％を目指している。製品提供においては、個々の健康状態を可視化する技術や体内効率設計を活用し、使いやすさと継続性を向上させている。また、ダイバーシティ&インクルージョンの推進にも取り組み、誰もが輝ける社会を目指している。

※Governance

ファンケルグループは、２０２２年５月には、内部統制の適正性の確保と全社的なリスク・コンプライアンスマネジメントの向上を図ることを目的に「グループリスク・コンプライアンス委員会」を発足させた。この「グループリスク・コンプライアンス委員会」、「サステナビリティ委員会」および経営企画部門が管轄する「グループ経営会議」とともにそれぞれが関係するリスクを管理する。年に一度、これらの委員会・会議体および関係部門で検討のうえ「事業等のリスク」の抽出を行い、取締役会で決定し、リスクへの対応状況についての実行性を取締役会が検証し、リスク対応策をレビューしている。

□具体的な取り組み

※Ecology

・温室効果ガス排出量削減

２０２１年には太陽光発電設備の設置を２拠点から４拠点に増やすとともに、CO_2排出量実質ゼロの電力の導入を開始。

・再生可能エネルギー

滋賀工場、群馬工場、関西物流センター、三島工場に太陽光発電設備を設置することで再生可能エネルギーの獲得を増強。

・廃棄物のリサイクル

２０２２年３月期の廃棄物等排出量１３１６トンのうち、97・９％に当たる１２８９トンがリサイクルされている。

リサイクル率向上に努めるとともに、廃棄物総量の削減にも取り組んでいる。

※Social

・女性従業員

２０２１年度の女性従業員比率は62・２％、女性管理職比率は47・１％とどちらも高め。

２０２３年度は女性管理職比率50％を目標としている。

・障がい者雇用

障がいのある方の自立支援を目的に特例子会社株式会社ファンケルスマイルを設立している。２０２１年度の障がい者雇用率は４・29％。２０２３年度目標は５％としている。

・アクティブシニア社員制度

65歳以上を対象に働き続けたい人、働いてもらいたい人を長く雇用するための雇用区分を設けている。

・育児休業

短時間勤務の拡充、フレックスタイム、在宅勤務など多様な働き方ができる制度を導入し、出産、育児と仕事の両立を支援。育児休業取得率7年連続１００％を達成。

※Governance

ファンケルグループでは、経営に対して、業務の有効性と効率性、財務報告の信頼性、法令遵守に対応するための仕組みとして、内部統制システムを構築している。

２０１５年4月には会社法および会社法施行規則の改定に伴い、ファンケルグループ全体の内部統制システムの整備を行い、基本方針の改定を行った。また、２０２２年5月には、内部統制の適正性の確保と全社的なリスク・コンプライアンスマネジメントの向上を図ることを目的に「コンプライアンス委員会」・「内部統制委員会」を統合し、「グループリスク・コンプライアンス委員会」を発足させた。この「グループリスク・コンプライアンス委員会」、「サステナビリティ委員会」および経営企画部門が管轄する「グループ経営会議」とともにそれぞれが関係するリスクを管理する。

年に一度、これらの委員会・会議体および関係部門で検討のうえ「事業等のリスク」の抽出を行い、取締役会で決定し、リスクへの対応状況についての実行性を取締役会が検証し、解決していないリスクについては、更なるアクションを行うことで、リスクへの対応策をレビューしている。

□筆者が着目したＥＳＧポイント

ファンケルのＥＳＧ活動について筆者が着目したのは、経営とＥＳＧの一貫性です。ファンケルの前回決算を見ると、化粧品部門が収益の約６割を占めています。化粧品という商材の特性上、女性管理職が47・１％とかなり高い水準です。現在、日本の女性管理職の割合は約12％であり、政府は東京証券取引所プライム市場の上場企業について、女性役員の比率を２０３０年までに30％以上とする目標を掲げていることを考えると、すでにその目標水準を大幅に超過達成しているファンケルの女性役員比率が、いかに突出しているかがわかると思います。ＥＳＧ活動を行う上で事業と関連性があることはプラスに働きます。ファンケルには今後も女性活躍の社会を牽引してほしいと思います。

ＥＳＧの成功事例のまとめ

ＥＳＧに積極的に取り組んだ企業は、利益の増減に比して大きく時価総額がポジティブに変動しています。これはＥＳＧへの取り組みが時価総額に正の影響を与えていると言え、ＥＳＧ活動を推し進めることが時価総額につながると捉えています（表組１）。

ＳＲＯＩの事例①　ＳＯＭＰＯホールディングス

前述したようにＥＳＧ投資を評価する指標としてＳＲＯＩを使うことで、その活動を第三者などへも客観的に伝えることが可能になります。

そこで、第３章で日本におけるＳＲＯＩの実例を２つ紹介しましたが、そのほかの実例をここでまとめてみます。

損保ジャパンでは、顧客が保険契約時に「Ｗｅｂ証券」や「Ｗｅｂ約款」を選択した場合や、自動車事故の修理時にリサイクル部品などを活用した場合に、削減できたコストの

表組1

日本電信電話（NTT）	2019年3月	2023年3月	利益額変動幅（%）（2019年3月と2023年3月比較）	株価変動率（2019年～2023年）
営業利益（百万円）	1,693,833	1,828,986	7.98	67.87
当期純利益（百万円）	854,561	1,213,116	41.96	

三井住友FG	2019年3月	2023年3月	利益額変動幅（%）（2019年3月と2023年3月比較）	株価変動率（2019年～2023年）
経常利益（百万円）	1,135,300	1,160,930	2.26	45.29
当期純利益（百万円）	726,681	805,842	10.89	

SOMPOホールディングス	2019年3月	2023年3月	利益額変動幅（%）（2019年3月と2023年3月比較）	株価変動率（2019年～2023年）
経常利益（百万円）	198,959	122,530	-43.44	57.02
当期純利益（百万円）	146,626	91,156	-37.83	

ファンケル	2019年3月	2023年3月	利益額変動幅（%）（2019年3月と2023年3月比較）	株価変動率（2019年～2023年）
売上高（百万円）	122,496	103,595	-43.44	-4.24
営業利益（百万円）	12,387	7,843	-37.83	
経常利益（百万円）	12,348	8,557	-30,70	
当期純利益（百万円）	8,649	4,970	-42.54	

一部を原資に、ＮＰＯなどとの協働を通じて、市民に身近な自然環境に関心を持っていただく機会を提供する取り組みを行っています。

この取り組みでは、国内の自然環境を守るだけでなく、生物多様性への理解、希少生物の保護、次世代育成を意識してサステナブルな社会の実現に取り組んでいます。２０１１年の開始から22年３月までに延べ８７３回のイベントを開催し、４万６８９４人が参加。

２０１３年度からは、多様な主体が協働で社会的課題の解決を目指すアプローチである「コレクティブ・インパクト」を測定・評価する試みの一つとして、ＳＲＯＩ分析を用いて本プロジェクトの社会的価値の定量把握に取り組み、プログラムの改善、スケールアップを目指しました。この試みは、生物多様性保全分野において、ＳＲＯＩ分析を用いて社会的価値を算出した国内最初の事例として３年間継続。最終年度である２０１５年度の社会的価値総額（総便益）は約１億４８８３万円、要した費用は約７４５５万円、ＳＲＯＩ値は２・00となりました。

ＳＲＯＩ値が１を大きく超えたことで、プロジェクトの有効性が示され、また、２０１３年度が１・12、２０１４年度が１・76であったことから、長期的に波及効果が広がり、社会的投資に対する効果が向上しました。

２０１６年度からは、より地域の独自性を活かして「いきものが住みやすい環境づくり」を進めることを目的に、新たな市民の皆さまに参加いただく機会を提供するとともに、地域の多様なステークホルダーとの協働によりプロジェクトの発展を目指しています。

□具体的な貨幣化のアプローチ

【イベント参加者に対する貨幣化アプローチ】

・イベントを「環境保全型」と「環境教育型」に分類。
・環境保全型イベントに関しては代替費用法により推計。
・環境教育型イベントに関しては機会費用法により推計。

環境保全型イベントの参加によって、環境保全効果のある活動を行った。この活動の成果（アウトカム）は、イベント参加者の総活動時間によって定量化される。この定量化されたアウトカムとしての活動時間は、労働市場での雇用労働と異なり無償労働であり、実際に貨幣価値の支出を伴うものではない。そこで、この活動量を貨幣化するためには、市場で当該無償労働（環境整備・保全作業）と類似のサービスの生産に従事している者（専門職種）の賃金で評価する必要が出てくる（代替費用法におけるスペシャリスト・アプローチ）。

　そこで本研究では、国が環境整備活動を民間に委託し造園工という専門職種に作業をさせた場合と同等の環境保全効果が生み出されたという仮説のもとで、金銭代理指標を設定した。それが国交省の設定する造園工の労務単価である（「平成27年2月から適用する公共工事設計労務単価について」）。造園工の労務単価は都道府県ごとに設定されているが、１時間当たり、２０００円から２５１２・5円である。

　計算式は下記のとおり（15歳未満の子供の参加者は人数に含まず）。

☆参加者数（実績）×時間×都道府県別造園工労務単価（２０００円〜２５１２・5円）
＝１３４４万71円

「環境教育型」への市民参加についての成果は「環境教育型プログラム参加者の活動時間総数」というアウトカム指標によって定量化されうる。

　この場合の時間は、体験機会や知識の習得のために市場で労働を提供することを見合わせたことによって失った賃金（逸失利益）で評価されるべきものである。すなわち、機会費用法アプローチが適していると判断した。機会費用法を用いた場合の金銭的代理指標は、参加者の「平均賃金」となるが、参加者の平均賃金に関する一次データがあるわけではない。都道府県別の最低賃金を使用する方法もあるが、それでは過小推計になる可能性がある。そこで、本研究では厚労省の「賃金構造基本統計調査」の平均賃金（1時間当たり1957・9円）を用いることとした（厚労省『平成26年度賃金構造基本統計調査』の正社員・正職員［男女］の所定内給与額を所定内実労働時間164時間［1カ月］で割る）。

計算式は下記のとおり（15歳未満の子供の参加者は人数に含まず）。

☆参加者数（実績）×時間×1957・9円＝3008万3662円

SROIの事例②　セイコーエプソン

地域の企業、団体、学校、自治体等の協働によりオフィス古紙を回収し、乾式オフィス製紙機「PaperLab」（ペーパーラボ）の共同利用により、再生紙からアップサイクル製品の開発・共創・地域還元を行う取り組みです。

使用済みの機密文書などが記載されたコピー紙を乾式オフィス製紙機に投入することで約3分で新しいコピー紙『Dry Fiber Paper』を作成することが可能。機密情報を含む文書情報は完全に消去した上で作成することができます。市販の用紙と比較し大量の水を使う必要がありません。また、給排水工事が不要で、オフィスのバックヤードなどに設置し、紙のアップサイクル（単に素材の原料化や再利用ではなく、元の製品よりも次元・価値の高いものを生み出すこと）をオフィス内で行うことを可能にしました。

　地域で生まれる古紙を回収、アップサイクルさせることで紙の循環に新たな価値を生み出す【KAMIKURU】という活動を行い、「2021北九州SDGs未来都市アワード」の企業部門において「SDGs大賞」を受賞。活動の例として、北九州市を含む25の賛同団体・企業の協力を得て、NPO法人わくわーく（障がい者雇用4人創出）を中心とした運営により約10万枚のオフィス古紙を回収し、名刺、ノート、パッケージ等へのアップサイクルを実現したことなどがあげられます。

・SROI値は7年間で3・02（金額推計：1億2635万円）、10年間で4・43。

アウトカムとしては、下記があげられる。

・環境面：CO_2削減、水消費量削減、木材消費量削減
・経済面：紙ごみ削減、再生紙購入量削減、企業価値向上
・社会面：障がい者雇用創出、就労による健康改善、就労による自信向上、障がい者

家族の精神的不安の緩和

また、ＳＲＯＩで測定する定量化したインパクトを用いてＳＤＧｓの各項目への貢献度をポイントで評価するためのマトリクスを開発中で、この手法が確立されれば、雇用の創出等、経済的利益の創出にまで至っていない場合でも、ＳＤＧｓへの取り組みを進めている企業の進捗を客観的に可視化できるようになります。

ＳＲＯＩの事例③　Ｋ２インターナショナルグループ

□会社概要

横浜市を拠点として、生きづらさを持つ若者を対象に、就労・自立支援にかかわる専門的かつ包括的なサービスを提供している企業。１９８９年に活動を始めた任意団体インターナショナルコロンブスアカデミーを前身としており、およそ20年間にわたって不登校・ひきこもり・発達課題など、生きづらさを抱えている若者たちの自立就労を支援し、ともに生きる場をつくってきた組織。

□活動概要

Ｋ２の特色的プログラムの１つである「合宿型プログラム」の効果に焦点を当て、厚労省からの委託を受けＫ２が運営する地域若者サポートステーション（以下、サポステ）の登録者の進路決定者のうち、①合宿型プログラムの利用者と、②通所型サービス利用者との間で成果（アウトカム）の比較を行い、合宿型プログラムの社会的インパクトを計測する。すなわち、「合宿型サービスを利用したグループ」（with）と、「同サービスを利用しなかったグループ」（without）との間でのアウトカムの差異（差分）に注目し、サービス利用による追加的便益を貨幣化して可視化する。

□SROI評価の前提事項

合宿型利用者と通所型利用者とのアウトカムの差異を比較する際、単に「出口」である就労決定にのみ注目すると、困難度の低い者を多く含むグループが優位になりがちである。そこで本調査では、利用者を困難度の高い順から「高」「中」「低」の３グループに分けて同程度で比較を行うという方法を取った。困難度の点数化は、Ｋ２が独自の指標で作成した困難度換算表により行った。

各グループの困難度の換算は、精神的な側面、就労面、経済面など、多面的に評価できるよう、「発達障害」「メンタル・精神」「療育手帳の有無」「経済状況」「直近無業期間」等の指標を設け、それぞれの指標について困難度に応じて「0、1、2、3」というスコアを選択し、合算する方法で行われた。この調査結果を踏まえ、本評価では、困難度20点以下を「低度困難者」、21点以上34点以下を「中度困難者」、35点以上を「高度困難者」とした。

それぞれのレベルで、合宿型と通所型の就労決定者の分布状況を比較すると、「低度困難者」では、両者の差異はそれほど大きくないことから、「死荷重」（死荷重とは、当該プロジェクトがなかったとしても生じるアウトカムのこと）を50％に設定した。これは合宿型利用者がもし合宿型サービスを利用しなくても（代わりに通所型を利用しても）、就労決定に至ったであろう確率である。「中度困難者」については、両者の就労決定者の分布状況を踏まえ、死荷重を20％に設定した。これは同じく合宿型利用者が合宿型サービスを利用しなくても（代わりに通所型を利用しても）、20％程度は就労決定できたであろうという推計である。「高度困難者」については、通所型利用者に就労決定者がほとんど存在しないことから、死荷重を0％に設定した。

□ステークホルダー

合宿型プログラムを利用する若者（プログラム修了後の就労決定者）、家族、横浜市・政府、公的保険制度。

□SROI評価例①：職業選択機会の拡大

※前提

・キャリアコンサルティング費用　5万円（10回）×実数（合宿型）（アンケート改善者）

・プログラム参加後（合宿型、通所型）職業選択の幅が広がったと思うか、という問に対して、【広がったと思う】、【どちらかといえば広がったと思う】を選択した利用者の割合を使用。

※計算式

合宿型の改善割合66・1％－通所型の改善割合55・8％＝差異・増分（10・3％）

合宿型参加者数181人×差異・増分（10・3％）＝合宿型プログラムによる改善者増加人数19人

合宿型による改善者増加人数（19人）×金銭代理指標（5万円）＝便益価値額95万円

□SROI評価例②：障害受容の深化

※前提

・精神科訪問看護・指導料　5750円×3日＋6750円×7日（10日分＝6万4500円）

・利用者近況アンケート①の来所時に発達障害の診断ありと回答した利用者のうち、アンケートで「障害受容が深まった」と回答した利用者の割合を使用。

・計算式

合宿型の深化度割合86・7％－通所型の深化度割合50・0％＝差異・増分（36・7％）

合宿型参加者数181人×差異・増分（36・7％）＝合宿型プログラムによる障害受容度の深化者数66人

合宿型による障害受容度の深化者数（66人）×金銭代理指標（6万4500円）＝便益価値額425万7000円

□SROI値の算出

創出された社会的便益は約１億３０００万円、ＳＲＯＩ値は１・18

SROIが時価総額経営に道をひらく

資本主義社会において、企業は利益追求を至上命題とする団体でした。しかし、現在は富の一極集中による反動から富の再分配を促す方向へと世間の風向きが変わってきています。

企業は、社会貢献活動を行いたいという気持ちと、利益が不透明な活動を行うことで、株主からの反発を招くのではないかという恐怖との間で板挟みになっているのです。

ＳＯＭＰＯホールディングスやセイコーエプソンの事例でわかるように、社会的インパクト評価を用いることで、これまで定量化が困難であった【社会への影響】という漠然とした事象を定量化できるようになります。ＳＲＯＩを用いて社会貢献活動を定量化することにより、企業は株主を納得させながら、社会的意義のある活動に積極的に取り組むことができるのです。

また、Ｋ２インターナショナルグループの事例に見られるように、社会貢献性の高い事業を行っている会社の場合、ＳＲＯＩによって評価することで、事業活動そのものの意義を再確認することができます。そしてそれが、その会社で働く従業員のモチベーションにもつながるのではないかと推測できます。

ＥＳＧを含め、社会的価値を生み出す事業により多くのお金が集まり、さらに大きな社会的価値を生み出すというサイクルに、ＳＲＯＩは今後も大きな貢献をしていくでしょう。

ＳＲＯＩはまだ歴史の浅い手法です。定量化のアプローチに唯一解がなく、類似事業間の比較が難しい点や、算出された数値の妥当性を検証するのが難しい点など、改善の余地は多分にあると考えられます。

しかし、現時点でもＳＲＯＩは事業効果を定量的に伝えることができ、ステークホルダーとの相互理解を深める指標として活用可能性が高く、企業の積極的な導入が望まれるのです。そして、ＳＲＯＩ値が高いプロジェクトをたくさん抱える企業がその成果をアピールすれば株式市場から評価され時価総額が上がる、また長期的にはアウトカムを通じて業績にも好循環が企業にフィードバックされるようになれば、時価総額にもプラスに跳ね返るので、その意味でも時価総額経営に役立つものと言えると考えます。

おわりに

皆さま、読み終わった感想はいかがですか。時価総額というものに関して新たな認識を持っていただけたでしょうか。

本文でも書きましたが、上場企業の場合、経営者は株主や市場からのプレッシャーにより短期的な利益を追求しがちという傾向があります。短期の利益を追求するあまり長期的な利益が犠牲になってしまうのです。

一方、オーナー経営者には文字どおり所有者としての側面と、経営者として側面なども含め、さまざまな立場があります。しかも、それらの異なる立場のバランスを取りながらのかじ取りを強いられています。本書は、そのバランスを取るため時価総額とどのように付き合っていくべきかのヒントになると思っています。さらに今後は、時価総額の扱い方によって経営に大きなメリットをもたらす時代になるという確信を抱いております。

本文ではオーナー企業を取り巻く環境について、その歴史から紐解いてみてきました。また欧米との差異についても比較をしてきました。経営者は短期的な目線（株式担保融資を受けている場合）を特に持たざるを得なかったり、長期保有の株主の両面があるといったことも見てきました。そのために、重要なことは、①短期の足元の実現性と長期の夢を両立した事業計画を立てること、②ＥＳＧ、ＳＤＧｓ、ＳＲＯＩといったそのリターンが自社に閉じないソーシャルな視点をもつ計画だった取り組みを行うこと、だと考えております。

オーナー経営者は自社の株を売ることで儲けを出すことができます。しかし、自らが所有する株を売るタイミングが難しいという現実があり、それがオーナー経営者の悩みにもなっています。

難しい株式の売買タイミングに関しては、骨太なバランスの取れた事業計画を作成し、それと同時にＥＳＧ等の取り組みを開始し、その実現がなされた際に売却を一度行うというのがある意味正しいのではないかと考えております。もちろん、その後より良い経営がなされれば更に株価は上がるのですが、それを待って株式担保融資に手を染めてオーナー経営者が持つ強みである長期目線を短期に縛り付けてしまうリスクよりも、ある局面で一定程度現金化することで個人としての富の実現を果たしてしまう方が企業にとって良いのではないか、と筆者は考えるからです。

　これについては、議論はあるかと思いますが、一つの意見として聞いていただければと思います。そして、個人としての富の実現後は、その経営者は、短期目線からは解放され、長期の目線にフォーカスして事業運営できるようになるため、その事業計画の質も長期的視野に立つものになりますし、自社への利益の還流までの時間のかかるＥＳＧ、ＳＤＧｓ、ＳＲＯＩにもより取り組みやすくなるはずです。これは、中長期的に株主に好意的に捉えられるため、おのずと中長期の株価の向上につながるはずであり、真の意味での時価総額経営と言えるはずです。これが本書で最もお伝えしたかったことです。

　四半期決算ごとに株価が変動することに一喜一憂するのではなく、長期的な時価総額を最大化する経営を目指す。それにはＥＳＧやＳＤＧｓ、そして社会的インパクトやＳＲＯＩなどへの取り組みや理解が重要になることを再認識していただきたい。なお、ＥＳＧやＳＤＧｓ、そして社会的インパクトやＳＲＯＩなどについては、前著『ＳＲＯＩとインパクト評価が社会を変える――ＳＤＧｓ・ＥＳＧ時代の新たな経営戦略』でも詳しく解説しておりますので、併せてご参照いただければ幸いです。

本書では、それぞれの言葉の意味や企業経営とどのような関わりがあるのか、その意味合いも説明しています。そして、ＥＳＧやＳＤＧｓ、社会的インパクトやＳＲＯＩなどが時価総額という会社の価値にどのようにつながっているかをわかりやすく説明したつもりです。

本書からのヒントを契機に、御社の経営が「売り手良し、買い手良し、世間良し」の「三方良し」に向くことを願っています。そして、個人の経済的なメリットも得つつ、より良い経営によって社会貢献を目指してください。少しでもそのお役に立てれば、著者としてうれしいかぎりです。

加賀　裕也

加賀裕也 （かが・ゆうや）

株式会社キューブアンドカンパニー 常務取締役、
ストラテジーコンサルティング部門担当役員

名古屋大学工学部航空宇宙工学コース卒業、フランス国立ポンゼショセ高等大学（ENPC）MBA。株式会社リクルート、株式会社ショーケースでスタートアップ関連のインターンシップを経験。ベイン・アンド・カンパニー・ジャパンを経て株式会社キューブアンドカンパニーを創業。

現在、中堅オーナー企業に対して、提携やAIなどの新技術を用いて、新規事業の立ち上げや、デジタルトランスフォーメーションを支援。中堅企業のM&Aのデューデリジェンスを多数実施し、その経営課題や強みなどを熟知。

また、山形大学の技術シーズを事業化する文部科学省や内閣府のプロジェクトにおいて、ビジネスプロデューサーとして、マーケティング・知財・事業計画策定などを支援。ESG、SROIやインパクト評価の領域に関しては、これらのプロジェクトの中でロジックモデルの作成から貨幣価値換算し定量化した実績あり。政策レポートや社会的インパクト等の学術論文を岩本隆慶應義塾大学大学院特任教授と共同執筆している。

著書に『X-Tech ビジネス大全——既存産業×デジタルが最適化社会を切り拓く』（岩本隆と共著、みらいパブリッシング、2020年）と『SROIとインパクト評価が社会を変える——SDGs・ESG時代の新たな経営戦略』（みらいパブリッシング、2021年）がある。

オーナー企業《きぎょう》の時価《じか》総額《そうがく》経営《けいえい》

SDGs《エスディージーズ》、ESG《イーエスジー》時代《じだい》を生《い》き抜《ぬ》く

2024年3月22日　初版第1刷

著　者　加賀裕也《かがゆうや》
発行人　松崎義行
発　行　みらいパブリッシング
〒166-0003 東京都杉並区高円寺南4-26-12 福丸ビル6階
TEL 03-5913-8611　FAX 03-5913-8011
https://miraipub.jp　MAIL info@miraipub.jp
編　集　水木康文
制作協力　荒内慎孝斗（株式会社キューブアンドカンパニー）
佐藤弘規（株式会社キューブアンドカンパニー）
ブックデザイン　洪十六
発　売　星雲社（共同出版社・流通責任出版社）
〒112-0005 東京都文京区水道1-3-30
TEL 03-3868-3275　FAX 03-3868-6588
印刷・製本　株式会社上野印刷所

ISBN978-4-434-33664-5 C0034